코젤렉의 개념사 사전 23

통일

코젤렉의
개념사 사전 23

통일
Einheit

로타르 갈·크리스타 제거만·디르크 블라지우스 지음
라인하르트 코젤렉·오토 브루너·베르너 콘체 엮음
한림대학교 한림과학원 기획
최성철 옮김

Ein-
heit

푸른역사

일러두기

1. 이 책은 오토 브루너Otto Brunner·베르너 콘체Werner Conze·라인하르트 코
젤렉Reinhart Koselleck이 엮은《역사적 기본 개념: 독일 정치·사회 언어 역사
사전Geschichtliche Grundbegriffe. Historisches Lexikon zur politisch-sozialen
Sprache in Deutschland》(Stuttgart: Klett-Cotta, 1972~1997) 중 〈통일Einheit〉(제2
권, pp. 117~151) 항목을 옮긴 것이다. 로타르 갈Lothar Gall·크리스타 제거만
Krista Segermann·디르크 블라지우스Dirk Blasius가 집필했다.
2. 미주는 저자, 각주는 옮긴이의 것이다. 각주로 처리된 옮긴이 주의 경우 주석
앞에 [옮긴이] 표기를 했다.
3. 이 책은 2018년 대한민국 교육부와 한국연구재단의 지원을 받아 간행되었다
(NRF-2018S1A6A3A01022568).

번역서를 내면서

● ● ●　　　　《코젤렉의 개념사 사전》(원제는《역사적 기본 개념*Geschichtliche Grundbegriffe*》)은 독일의 역사학자 라인하르트 코젤렉Reinhart Koselleck(1923~2006)이 오토 브루너Otto Brunner, 베르너 콘체Werner Conze와 함께 발간한 '독일 정치·사회 언어 역사사전 *Historisches Lexikon zur politisch-sozialen Sprache in Deutschland*' 입니다. 이 책은 총 119개의 기본 개념 집필에 역사학자뿐 아니라 법학자, 경제학자, 철학자, 신학자 등이 대거 참여한 학제 간 연구의 결실입니다. 또한 1972년에 첫 권이 발간된 후 1997년 최종 여덟 권으로 완성되기까지 무려 25년이 걸린 대작입니다. 독일 빌레펠트대학의 교수였던 코젤렉은 이 작업을 기획하고 주도했으며, 공동 편집자인 브루너, 콘체가 세상을 떠난 후 그 뒤를 이어 책의 출판을 완성했습니다.

　《코젤렉의 개념사 사전》이 가진 의의는 작업 규모나 성과물의 방대함뿐만 아니라 방법론적 혁신성에도 있습니다. 기존의 개념

사가 시대 배경과 역사적 맥락을 초월한 순수 관념을 상정하고 그
것의 의미를 밝히는 데 치중했다면, 《코젤렉의 개념사 사전》은 정
치·사회적 맥락 속에서 전개되는 의미의 변화 양상에 주목합니
다. 따라서 코젤렉이 말하는 '개념'은 '정치·사회적인 의미연관들
로 꽉 차 있어서, 사용하면서도 계속해서 다의적多義的으로 머무르
는 단어'입니다. '기본개념'은 그중에서도 특히 정치·사회적인 현
실과 운동에 강력한 영향력을 행사한 개념을 가리킵니다.

　나아가 《코젤렉의 개념사 사전》은 근대성에 대한 깊은 성찰을
담고 있습니다. 코젤렉은 1750년부터 1850년까지 유럽에서 개념
들의 의미에 커다란 변화가 나타나, 근대 세계와 그 이전을 나누
는 근본적인 단절이 발생했음에 주목했습니다. 이러한 단절을 그
는 '말안장 시대' 또는 '문턱의 시대'로 표현한 바 있습니다. 또한
코젤렉은 근대에 들어오면서 개념은 '경험 공간과 기대 지평'이라
는 두 차원을 가진 '운동 개념'이 되었음을 드러냄으로써 근대성
에 대한 물음을 성찰하도록 해주었습니다.

　《코젤렉의 개념사 사전》은 방대한 기획과 방법론적 혁신성, 근
대성에 대한 통찰을 담은 기념비적 저작이라는 면에서 광범위한
차원의 호평과 반향을 불러일으켰습니다. 또한 분과학문의 틀을
뛰어넘는 인문학적 역사 연구의 전망을 제시했다는 점에서 개념사
연구의 표본적 모델로 인정받고 있습니다. 개념사 연구가 비교적
늦은 한국 사회에도 이 책의 존재는 어느 정도 알려져 있습니다.

　한림과학원은 2005년 《한국 인문·사회과학 기본 개념의 역사·

철학사전》 편찬 사업을 시작하여 2007~2017년 인문한국(HK) '동아시아 기본 개념의 상호소통 사업'을 수행해왔습니다. 2018년부터는 인문한국플러스(HK+) '횡단, 융합, 창신의 동아시아 개념사'로 확장하여 동아시아 개념사 연구의 새로운 지평을 여는 데 기여하고자 합니다. 전근대부터 근대를 거쳐 현대에 이르기까지 동아시아에서 개념이 생성, 전파, 상호 소통하는 양상을 성찰하여, 오늘날 상생의 동아시아 공동체 형성을 위한 소통적 가능성을 발견하는 것이 이 사업의 목표입니다. 《코젤렉의 개념사 사전》의 번역은 우리나라에서 처음 시도하는 작업으로, 유럽의 개념사 연구 성과를 정확하게 이해하는 데 필수적입니다. 그 결과물로 2010년 1차분 〈문명과 문화〉, 〈진보〉, 〈제국주의〉, 〈전쟁〉, 〈평화〉, 2014년 2차분 〈계몽〉, 〈자유주의〉, 〈개혁과 (종교)개혁〉, 〈해방〉, 〈노동과 노동자〉, 2019년 3차분 〈위기〉, 〈혁명〉, 〈근대적/근대성, 근대〉, 〈보수, 보수주의〉, 〈아나키/아나키즘/아나키스트〉, 2021년 4차분 〈역사〉, 〈민주주의와 독재〉, 〈동맹〉, 〈법과 정의〉, 〈헌법〉을 발간했습니다. 이어 이번에 5차분 〈경제〉, 〈반동—복고〉, 〈통일〉, 〈협회〉, 〈습속, 윤리, 도덕〉을 내놓습니다. 이를 계기로 개념사 연구에 대한 관심이 더욱 높아지고, 개념사 연구방법론을 개발하는 시도가 왕성해지기를 바랍니다.

2022년 10월
한림대학교 한림과학원 원장 이경구

CONTENTS

서론

CHAPTER I

Einleitung

I. 서론

●●●   '통일'이라는 정치적 개념은 독일어권에서 18세기에야 비로소 등장한다. 즉 그 개념은 자신의 독특한 특징을 갖고서, 가령 하나의 더 오래되고 사용하지 않게 된 개념을 대신해서 등장한 것이 아니라, 당시에 비로소 그 자체로 의식되기 시작한 일련의 문제들이 자신의 개념적 표현을 발견하면서 만들어진 새로운 창조물이다. 원래는 본질적으로 형식적 사상의 영역에 제한된 이 통일이라는 개념은, 사람들이 그 개념에 상응하는 연관관계들을 연결하고, 이 연관관계들로부터 그 개념의 내용을 의식적으로 끄집어내어 채워 넣으면서, 점차 하나의 역사적·정치적·사회적 개념이 되었다. 따라서 통일이라는 개념 안에는 혁명의 중요한 전환점을 넘어서 철학적·신학적·정치적 사상에 계속 영향을 미친 과거의 전통 요소들도 담겨 있다.

로타르 갈

로타르 갈 Lothar Gall(1936~)
독일의 근대 역사가. 1975년부터 2005년 퇴임까지 독일 프랑크푸르트대학에서 근대사 교수로 활동했다. 저서로 《백색 혁명가 비스마르크》, 《독일의 시민계층》 등이 있다.

II.

1. 기독교적 통일Unitas christiana

●●● 　　　　중세의 기독교적 통일 개념은 고대의 협약 사상 das antike concordia-Denken을 넘어선다. 통일 개념이 의존하는 기독교적 신의 절대적 통일 안에서의 형이상학적 토대(요한복음 17장 21절을 참고하시오. "아버지, 아버지께서 내 안에 계시고 내가 아버지 안에 있는 것과 같이, 이 사람들이 모두 하나가 되게 하여 주십시오. 이 사람들도 우리들 안에서 하나가 되도록 하여 주십시오.")는 스콜라주의의 초월철학[1]에서 "존재"와 "단일 존재"를 동일한 것이 되도록 만들었다.[2] 비신자들까지도 "잠재적" 신자에 포함한 신자들의 공동체로서 인류의 통일 개념[3]은 고대 철학에서 유래한 유기체 비유를 인용해서 만들어진 "신비로운 그리스도의 몸corpus mysticum Christi"이라는 개념 안에서 정교하게 다듬어진다.[4] "신비로운 그리스도의 몸"이라는 개념은 중세 시대에 실제로 현존하는 민족적, 신분적인

다양성을 정당화할 수 있는 가능성을 열어주었다. 이것이 가능했던 이유는 그러한 다양성이 관념상의 통일 안에서 지양되었기 때문이다.

그래서 가령 이시도르 폰 세비야Isidor von Sevilla*는 그 자신의 세계상 안에 예수 그리스도의 몸 안에서 동등한 자격을 갖는 회원으로서 기독교적 민족들의 다양성을 끼워 넣었다.[5] "민족국가적" 독립의 주창자들이 최고 보편 권력을 요구했던 제국과 교황권에 대항해 투쟁할 때 자신들 주장의 근거를 끌어온 것도 바로 이 통일 사상이었다. 그에 반해 보편적 황제권의 이론가들은, 가령 어느 누구보다 먼저 단테 알리기에리Dante Alighieri가 했던 것처럼, 기독교계의 하나의 통일적이고 세속적인 지배 관리의 필연성을 유효한 것으로 인정했다.[6] 교황 절대권주의자들Kurialisten은 그들 나름대로 이 통일이라는 것이 오직 기독교계의 유일한 수장으로서 교황이 인정하는 한에서만 보증될 수 있다고 보았다.[7] 그래서 유기체적으로 구상된 "기독교적 통일"이라는 개념은 언제나 교권sacerdotium과 세속권imperium의 대립에 의해 위협을 받았다. 13세기에 이러한 보편적 권력들의 붕괴와 더불어 유기체적인 통일이라는 이념은 이제 개별 국가의 차원으로 옮겨졌다. 하나의 가톨릭적 세계 왕정의 이념은 카를 5세 시기의 스페인에서 잠깐 다시 한

* [옮긴이] 6~7세기(560~636)에 활동했던 에스파냐의 학자이자 성직자로, 30년 이상 세비야의 대주교를 지냈으며, 여러 저작을 집필한 고대 세계 최후의 학자로 알려져 있다. 중세 때 가장 많이 읽힌 저자들 중 한 사람이다.

번 더 부활했었다. 헤르난도 데 아쿠냐Hernando de Acuña는 자신의
소네트 〈우리 주 군주께Al Rey nuestro Senor〉에서 자기 시대에 당면
한 기대로서 "하나의 왕국, 하나의 제국, 그리고 하나의 칼un
Monarca, un Imperio, y una Espada"이라는 지상목표를 천명했다.[8]
"교회의 통일unitas ecclesiae"이라는 이념은 중세 말[9]과 신앙의 분열
이후에 확실하게 자리 잡았다.

2. 정치 조직체Corpus politicum

교권과 세속권을 동시에 위에서 덮어주는 "기독교 공화국respublica
christiana"의 자리에 토미즘적 아리스토텔레스주의로부터 유래하고
자연법에 근거한 통일의 체현으로서 "정치 조직체corpus politicum"
라는 새로운 개념이 등장했는데, 이 개념은 특히 교회 개념과 병
행해 "신비한mysticum"이라는 첨가어를 통해 채워졌다.[10] 하나의
통일적인 국가권력("하나의 몸에 하나의 머리unum caput in uno
corpore"), 즉—비록 반드시 불가피한 것은 아닐지 모르지만 그래
도 최상의 형태로서—"수장princeps" 안에서 체현되어야 하는 그
러한 통일적인 국가권력에 대한 요구는 유기체 비유에 속한다. 무
엇보다도 종교개혁 이후 종교 내전으로 국가가 황폐화된 프랑스
에서 이른바 "정치들"의 집단을 중심으로 종교적 통일보다 "국가
적" 통일이 우선한다는 의식이 형성되기 시작했다. 왜냐하면 평화

를 명령할 수 있었던 하나의 강력한 왕 안에서 실현될 수 있는 국가적 통일만이 완전한 자기 해체의 위협에 직면한 프랑스 사람들을 구제할 수 있었기 때문이다.[11] 신적인 정당성을 갖는 국가 주인으로서 왕의 명령에 복종하는 것,[12] 게다가 (기 코키예Guy Coqille* 가 1590년 자신의 〈프랑스 불행의 원인에 대한 대화Dialogue sur les causes et les misères de la France〉**에서 신 앞에서 모든 인간의 평등을 근거로 요구했던 것처럼) 신분의 구별 없이 왕의 명령에 복종하는 것은 곧 개인의 이해관계를 하위에 두도록 만드는 "국가라는 보편 조직체corps universel de l'estat"의 유지를 위한 유일한 보증 장치를 뜻한다.[13] 통일의 보루로서 왕정은 보댕Bodin(1576)***에 의해 사변적인 근거가 마련되었다. "그럼에도 그것들은(즉 귀족공화국 및 민중공화국)은 군주가 존재하는 경우만큼 잘 통합되지도 못하고 연결되지도 못한다. 반면 군주는 지성과도 같은 존재여서 모든 부분을 통합한다."[14]—즉 "지성이 분리할 수 없으며 순수하고 단순하기 때문에 통일의 역할을 수행하는" 한에서 말이다.[15] "군주의 존엄은, 숫자가 아니며 숫자들 가운데 속하지도 않는 통일과 마찬가지로, 더 이상 분열을 겪지 않는다"고 보댕이 같은 장소에서 다른 모

* [옮긴이] 16세기(1523~1603) 프랑스의 법학자다. 여기서 'Coqille'는 'Coquille'의 오기로 보인다.

** [옮긴이] "Dialogue sur les causes et les misères de la France"는 "Dialogue sur les causes des misères de la France"의 오기로 보인다.

*** [옮긴이] 16세기(1530~1596) 프랑스의 법학자이자 정치사상가로, 왕권신수설을 주장한 것으로 유명하다.

습으로써 언급했던 것처럼,[16] 이러한 왕정의 정착은 하나의 협의
체 정부의 배제와 왕위 계승에서의 엄격한 장자상속제의 인정을
전제로 했다. 이 인정만이 "분할할 수 없는 이 왕국의 통일을 유지
하기 위해" 국가의 분열을 막아줄 수 있기 때문이다.[17]

국가적 통일 사상이 반드시 왕정의 틀 안에서만 파악될 필요가
없다는 생각은 17세기 정치 이론들에서 널리 통용되었다. 가령 푸
펜도르프Pufendorf*는 다음과 같이 주장했다. "국가의 의지는 중요
한 일들이 이 방향 또는 저 방향으로 모이듯이 단순히 단 한 사람
을 통해서 또는 의회를 통해서 드러난다."[18] 루소Rousseau도 국가
의 통일이 교회적 권력과 정치적 권력 사이의 경쟁으로 위협받는
다고 생각했다. 기독교적 "성직자 왕국"의 등장은 "정치체계로부
터 신학체계를 분리함으로써, 국가가 더 이상 하나일 수 없게 만
들었다." 반면 이를 극복할 유일한 해결 수단은, 이미 홉스Hobbes
가 보았던 대로, "독수리의 두 머리를 재결합시키고, 모든 것을 정
치적 통일체에 돌려보내는 일이다. 정치적 통일체가 없다면 국가
도 정부도 결코 제대로 구성되지 않을 것이다." 심지어 영국의 고
교회파Hochkirche** 그리고 러시아의 황제교황주의적 의미에서 민
족적 국가교회조차 루소의 눈에는 권력의 숙명적인 이중궤도

* [옮긴이] 17세기(1632~1694) 독일의 법학자, 정치철학자, 경제학자로, 국제법 창시자 중의
한 사람으로 알려져 있다.
** [옮긴이] 영국 성공회를 비롯해 성공회와 일치를 이루는 루터교의 공교회주의 전통을 강
조하는 신학조류로, 영어로는 'High Church'로 표기한다. 다른 표현으로 '앵글로 가톨릭주
의', '영국공교회', '성공회 보편교회' 등이 있다.

Zweigleisigkeit를 제거하지 못한 것처럼 보였다.[19] 프랑스혁명의 진행이 비로소 통일국가적 원리를 핵심 사안으로 만들었던, "단 하나의 분할될 수 없는" 프랑스 "공화국"의 선포를 가져왔다. 자코뱅당은 권력분립적·연방주의적 국가 건설의 경향을 통일과 더불어 자유를 위협하는 것으로 생각해서 거부했다. 로베스피에르 Robespierre는 1793년 6월 18일 국민공회에서 다음과 같이 말했다. "자유가 통치할 때, 그것의 가장 커다란 위험은 정치적 동요다. 그런데 입헌의회와 입법기관이 동시에 존재한다면 이러한 동요는 필연적으로 야기된다. 두 가지 종류의 대표자들을 가진 인민은 더 이상 단일한 인민이 아니다. 이중의 대표 체제는 연방주의와 내전의 씨앗이다."[20]

3. 인류의 통일Unitas generis humani

신앙의 분열이 고착화되면서 보편적 교회 개념이 가지고 있던 통합적 힘의 마지막 여분마저 사라졌다. 후고 그로티우스Hugo Grotius (1625)*는 뒤늦게나마 모든 기독교 국가들 사이의 동맹 협정을 다음과 같은 근거로 호소했다. "한 기독교인의 모든 사지는 다른 이들의 다른 슬픔과 아픔을 공감하도록 명령받은 것이다cum omnes

---

* [옮긴이] 17세기 전반기(1583~1645)에 활동했던 네덜란드 법학자이자 정치가로, 국제법의 창시자 중 한 사람으로 알려져 있다.

Christiani unius corporis membra sint quae iubentur alia aliorum dolores ac mala persentiscere." 그로티우스는 그 같은 동맹의 한 모델로 신성로마제국의 연합을 떠올렸다.[21] 인류의 통일은 주권적인 개별 국가들보다 상위에 존재하는 하나의 인류라는 유기체 안에서 새롭게 실현되었다. 이 인류는 자연법에 근거한 "만민법ius gentium"을, 상호 간에 맺는 기독교적 또는 비기독교적 개별 회원국들의 관계를 위한 표준적인 규칙으로 삼았다. 그래서 후고 그로티우스의 선구자였던 프란츠 수아레스Franz Suarez*도 일찍이 다음과 같이 확언했다. "인류는 비록 여러 민족과 왕국들로 나뉘어 있지만, 언제나 일종의 통일성을 가지고 있는데, 이것은 특정할 뿐만 아니라 정치적이고 도덕적인 것으로, 모든 이들과 심지어 외국인과 그들의 나라에까지 확장되는 상호 간의 사랑과 자비라는 자연스러운 윤리를 보여주는 것이다. 이러한 이유로 모든 완벽한 국가나 공화국이나 왕국은 그 자체로 완벽한 공동체가 될 수 있으며 …… 그 구성원을 한결같이 대하며, 인간 종족 전체를 보는 시점에서 이 우주의 다른 구성원들에게도 그렇게 되어야 한다."[22]

통일 안에 다양성이 존재하도록 만들어주는 바로 이러한 조직체-이론corpus-Lehre은 계급의 절대적 통일 속에서만 초민족적인 인류 개념이 실현될 수 있다고 본, 뒤이어 나타난 마르크스주의적

---

* [옮긴이] 16~17세기(1548~1617)에 활동했던 에스파냐의 예수회 소속 철학자이자 신학자로, 그로티우스의 선구자이자 국제법의 창시자로 알려진 인물이다. 에스파냐어로는 'Francisco Suárez'로 표기한다.

통일 개념과 관련해서도 효력을 발휘했다. 이 마르크스의 통일 개념은 마치 세속권력의 그리고 교황 절대권주의의 이론가들의 중앙집권적인 개념에 맞서 이시도르Isidor가 제시했던 통일 이념만큼이나 온건한 것이었다. 뒤에 이어지는 시대는 오히려 더 큰 회의懷疑를 보여주었다.[23] 아베 드 생피에르Abbé de Saint-Pierre*는 자신의 《영구평화론Projet de paix perpétuelle》(1713~1717)을 한때 존재했던 개별 국가들의 자기 유지를 향한 충동과 경제적 논거들에 의존해 주장하는 것을 선호했다.[24] 루소는 몇몇 예비 병력을 갖는 개별 국가의 "정치 조직체"라는 관념에 회의적인 입장을 취했다. 그래서 그는 "전쟁상태l'Etat de guerre"에 대해 기술했다. "자연의 작품에 대해 인간의 예술이 갖는 차별점은 그 결과에서 느껴진다. 시민들이 자신을 아무리 국가의 팔다리라고 불러보았자 소용없다. 그들은 진짜 팔다리가 몸에 연결되듯이 국가에 연결될 수 없을 것이다. …… 신경들은 덜 민감하고, 근육들은 덜 힘차며, 모든 연결고리가 더 느슨하고, 아주 작은 사고로도 모든 것이 해체될 수 있다."[25] 루소는 "인류genre humain"의 키메라Chimära**적 통일에 대해 완전히 반대했다. ""인간의 종"이라는 단어는 우리 머릿속에

---

* [옮긴이] 17~18세기(1658~1743)에 활동했던 프랑스의 성직자, 작가, 계몽철학자, 사회철학자, 저널리스트로, 유럽에서의 영구 평화를 추구했으며, 루소와 칸트에 지대한 영향을 준 인물이다.
** [옮긴이] 그리스 신화에서 나오는, 머리는 사자, 몸은 염소, 꼬리는 뱀인 전설상의 괴물로, 흔히 한 몸에 두 개 이상의 서로 다른 조직체를 갖는 유기체, 사물, 기구 등을 비유할 때 쓰인다.

순수하게 집단적인 관념을 떠올리게 하지만, 그것이 인간의 종에 속하는 개인들 사이에 어떠한 실제적인 통합도 상정하지 않는다는 점은 분명하다." 이제—비판적인 형태로—사회적 단체의 관념이 다시 등장했다. 만일 "일반 사회société génerale"라는 것이 존재한다면, 그 사회는 그 안에 소속된 개인들의 특성 이상을 또는 그 사회 부분들의 총합 이상을 의미하는 특정 자질들을 증명해야 할 것이다. 가령 "보편 언어 ……, 일종의 공통 감각, …… 공공선이나 공공악, …… 공공의 행복" 같은 것들 말이다. 그런데도 그 부정 안에는 당대의 유토피아적인 동경이 무시할 수 없을 정도로 담겨 있다. 왜냐하면 "보편 언어langue universelle", 인류의 즉발적인 공통의 감정, 개개인의 행복의 상위 개념으로서 "공공의 행복félicité publique", 여기서 인류 통일의 불가피한 분출로 요약된 이 개념들은 모두 프랑스적 계몽주의가 인류를 위해 꿈꾸던 것들에 속했기 때문이다.[26]

크리스타 제거만

크리스타 제거만 Krista Segermann(1941~)
독일 예나대학교 '라틴어문학연구소Institut für Romanistik'에서 2007년 퇴임할 때까지 교수로 근무했다. 저서로 《서정시에서의 모토》, 《외국어 연습 유형》 등이 있다.

4. 독일어권에서의 '통일'이라는 단어와 개념

중세가 끝나는 시점 이후로 통일 관념은 두 개의 방향으로 발전해
갔다. 한편으로는 세속권력의 그리고 교황 절대권주의의 이론가
들에 의해 매우 엄격한 방식으로 형성된 중세 전성기의 통일 개념
이 이제 막 등장하기 시작한 영방국가에 전용되어 쓰였고, 여기서
―특히 서유럽에서의 정치적 발전에 상응하여―"단 하나의 그리
고 분할될 수 없는 공화국république une et indivisible"이 선언될 때
까지 점점 더 뚜렷해진 하나의 독특한 성향을 얻었다. 그리고 다
른 한편으로는 맨 처음에 이시도르 폰 세비야에 의해 전개된, 동
시에 연방적인 통일 이념이 계속 살아 있었다. 이 이념은 서양 또
는 인류를 모두 포괄해서 하나로 묶어주는 이념적인 통일 구상들
에서뿐만 아니라 그것이 국가 내적(사회적, 다음은 또한 종교적)인
영역이 되었든 아니면 국가들 사이에서의 영역이 되었든 간에, 연
방의 관념들에 강하게 기댄, 다양성 속에서의 통일에 대한 사상들
에서도 엿보았다. 이로써 '통일' 개념은, 기독교계의 통일, 신앙
과 교회의 통일이라는 애초의 중심적인 연관 지점으로부터 점점
더 멀리 벗어나면서, 점점 더 넓은 관념의 영역까지도 포괄하게
되었다.

이러한 통일 관념들의 전 유럽적 발전의 틀 안에서 독일어권 지
역에서의 '통일'이라는 개념의 단어의 역사는 하나의 독특한, 더
넓은 개념의 발전을 위해서도 특징적인 강조점을 보여준다. 라틴

어 단어 'unitas통일'는 중세 초기에는 'einhafti'*나 'einachheit'로, 중세 전성기에는 'einechheit'로, 그러다가 근대 초에 이르면 'Einigkeit일치'로 각각 번역되었다.[27] 가령 프랑스어 'unité통일'가 ―물론 이 단어가 동시에 하나의 분명하면서도 다른 강조점을 나타내기는 했지만―전체 개념 영역을 모두 포함할 수 있었던 매우 포괄적인 단어였던 반면, 독일어 'Einigkeit'는 이미 16세기가 시작될 즈음부터 그 본질상 훨씬 더 느슨한 유기체적-단체적 통일 관념, 즉 "다양성 속의 통일", 자율적 구성물과 개체들의 "합일Vereinigung"로서의 통일이라는 의미로 정착했기 때문에, 그 단어가 'unitas'를 더 이상 데카르트의 철학적 의미에서 형식논리적 사유 범주로, 또는 영혼과 신의 완벽한 합일이라는 "신비로운 통일unio mystica"로 적절히 번역될 수 없었다.

이처럼 두 개의 관점을 갖는 'unitas'의 의미 내용을 분명하게 표현할 수 있도록 하기 위해, 먼저 야콥 뵈메Jakob Böhme(1575~1624)는 "신비로운 통일"[28]을 위해, 그리고 1세기 뒤에는 라이프니츠Leibniz(1646~1716)와 볼프Wolff(1679~1754)가 그들의 철학적 통일 관념의 재현을 위해 '통일'이라는 단어를 새겨 넣었다.[29] 무엇보다도 뵈메와 볼프가 사용했던 '통일'이라는 단어는 새로운 용어의 언어적 사용에서 처음부터 결정적인 역할을 수행했다. 그래서 가령 《체들러Zedler 백과사전》(1734)에서 "통일"이라는 항목은 완전

---

* [옮긴이] '통일Einheit'을 뜻하는 고대고지독일어다.

히 라이프니츠 철학의 영향을 받고 기술되었다. 여기서 이 항목은 동시에 '통일'이라는 새로운 개념이 얼마나 처음부터 추상적인 개념 형태로 예전의 'Einigkeit'라는 단어가 갖고 있던 요소들을 수용할 가능성을 지녔는지를 잘 반영한다. 여기서 그것은 다음 두 가지의 통일로 구분된다. "통일에는 …… 두 가지 종류, 즉 본질적 통일eine wesentliche, Unitas per se 또는 우연적 통일eine zufällige, Unitas per accidens이 있다." 여기서 우연적 통일은 하나의 "합성된 zusammengesetzt", 그에 따라 "분열적zertrennlich" 통일—"적어도 다양한 본질을 갖는 다수의 사물이 그들 자신의 생산 안에서 발생한 합일을 통해 하나의 특별한 본질의 종류 또는 종을 만들어내는" 한에서의 통일이다. 그에 반해 "단일적이고 비분열적인 통일"은 "형이상학적 사물들에 본질적인 통일"이다. "자연의 최초의 근본 원인"으로서 "이러한 형이상학적 사물들"은 "…… 그 이전에 있는 어떤 다른 사물들로부터 합성될 수 없다." 계속해서《체들러 백과 사전》에 따르면, 그 형이상학적 사물들은 "필연적으로 단일적이고 비분열적"이어야 하며, "결과적으로 다른 사물들의 합일을 통해서가 아니라 그 스스로 순수하게 본질적"이어야 하고 "통일의 최고의 단계인, 즉 형이상학적인 통일인 그 자신 스스로의 하나를 통해서 존재"해야만 한다.[30]

애초의 형식논리적 영역에 제한되었음에도 이 새로운 '통일'이라는 단어는 그사이에 '일치'라는 의미 영역의 가장자리에 놓인[31] 또는 새롭게 발견된 의식 내용들, 문제들, 항목들을 언어적으로 정확하게 포착하기 위해 빠른 속도로 수용되었다. 이 새로운 개념 안에 이처럼 의식적으로 의미가 채워져 가는 과정에서 18세기에 독일에서의 통일에 대한 관념들의 독특한 특징이 구체적으로 드러난다.

5. 예술작품과 문학작품의 통일: 레싱Lessing

18세기에 이 새로운 개념 안에 의식적으로 의미가 채워져 가는 이 과정은 외관상 당시 사람들이 관심을 두던 정치적-사회적 영역으로부터 아주 멀리 떨어진, 문학과 예술 이론 분야에서부터 시작되었다. 이 개념은 여기서 '예술작품의 통일'로 연결되면서 이미 일찍이 확고한 표어로 자리 잡는다. 사람들은 문학과 예술의 다양한 장르들에 이들 자신의 내적인 통일성Einheitlichkeit에 대한 문제를 제시했고, 예술적 통일 안에서, 형식과 내용의 화합 안에서 하나의 예술작품의 가치 평가를 위한 결정적인 기준자를 발견했다. 무엇보다도 레싱Lessing이 여기서 결정적인 견해들을 제시했다. 그의 작품들을 보면, 이러한 통일 개념이 처음부터 어떻게 그 본래의 의미 내용을 넘어서—곧 사회적으로뿐만 아니라 정치적으로도 매우 의미심장한—하나의 언어와 문화 공동체의 정신적인 자기의식화 형성 과정 안에 들어와 통합되는지 분명하게 읽을 수 있다. 만일 레싱이 자신의《함부르크 희곡론*Hamburgische Dramaturgie*》

의 46번째 작품에서 "드라마의 통일"에 대한 문제를 제기했다면, 그리고 고전주의적인 프랑스의 드라마 이론에 하나의 잘못된 아리스토텔레스 수용 방식—즉 "행동의 통일"은 아리스토텔레스에서 본질적인 것das Wesentliche이었고, "시간의 통일과 장소의 통일은 …… 바로 그 행동의 통일의 결과일 뿐"이라는 식의 수용 방식—을 갖다 붙이려고 시도했다면,[32] 그것은 그가 일차적으로는 하나의 새로운 문학적 예술 이해에, 다음으로는 하나의 새로운 예술 방향에도 길을 닦은 것이었다. 그리고 그것은 동시에 독일어권 지역에서 '예술작품의 통일'이라는 개념이 단지 문예비평에서만이 아니라 다른 곳에서도 쓰이는 하나의 확고한 용어가 되는 데 본질적으로 기여했다.[33] 하지만 그는 자신의 테제들을 프랑스의 문화 영향에 격렬히 맞선 최전선에서 전개하면서, 그리고 그 테제들을 "독일 민족극deutsches Nationaltheater"을 만들고자 한 그 자신의 노력의 연관 속에서 제시하면서, 자신의 관심을 하나의 개별 예술작품이 서 있는 또 다른, 더 포괄적인 통일로 돌렸다. 이 점이 분명하게 드러난 것은, 레싱이 가령 1759년 고트셰트Gottsched*의 프랑스 연극이 "독일적 사고방식"에는 "들어맞지 않는다"라고 썼을 때, 그리고 독일인들의 관심을 독일인들의 본질에 훨씬 더 들어맞는 시들을 썼다고 본 셰익스피어로 환기시켰을 때다.[34] 여기서 바로 민족문학의 이념이 앞당겨 형성되었고, 스스로 유기체적으로 성

---

* [옮긴이] 18세기(1700~1766) 독일의 고전주의 문학이론가·평론가·극작가로, 풀네임은 Johann Christoph Gottsched다.

장한 것과 같은 민족의 삶의 표현으로서 시가 그 자체로 하나의
통일이자—헤르더가 말했던 것처럼—하나의 "개별적 전체"라는
사상이 그 안에 포함되어 있다. 그래서 특정 역사적 상황 속에서
의 예술작품의 내적인 통일에 대한 질문은 더 커다란, 초개인적인
통일에 대한 질문을 만들어냈다. 하나의 언어와 문화 공간 속에서
의 개별적 예술작품들은 바로 이 초개인적인 통일을 통해서 그 자
신의 독특한 특징을 유지했다.

6. 통일 개념의 역사서술적 관점: 유스투스 뫼저Justus Möser

레싱이 '통일'이라는 개념을 문학 영역에서 하나의 내적인 조형
원리로 사용한 것은, 유스투스 뫼저Justus Möser가 이 개념을 역사
서술의 영역에서 정신사적으로 그리고 개념사적으로 가장 유익한
방식으로 사용한 것에 상응한다. 뫼저는 1780년에 "독일 제국의
역사 계획을 위한 제안"을 작성했다.[35] 여기서 그의 비판의 화살은
자신을 역사적 사실들의 다소 우연적인 선후관계 배열에 한정시
켜버리는 역사서술을 겨냥했다. 그에게 중요했던 것은 독일 제국
의 역사에서 다양한, 그래서 때로는 상반되는 역사적 발전의 흐름
이 하나의 통일적인 전체적 발전으로 포착되도록 하게 만들어주
는 하나의 기준점Fixpunkt을 발견하는 것—그리고 역사서술을 견
고하게 만드는 것—이었다. 그는 독일의 역사를 하나의 "통일"로

바라보려고 노력하는 과정에서 "서사시인Epopöendichter"의 작업 방식을 하나의 전범으로 간주했다. 서사시인은 보통 영웅들로 시작하지만, "다음에는 그 이전에 발생했던 것을 노련한 방식으로 자신이 만든 서사구조 안에 짜 넣으면서", "통일에 또는 하나의 완벽한 전체에 어울릴 만한" 하나의 "길을 취한다"는 것이다.[36] 뫼저에게 막시밀리안이 1495년에 체결한 제국의 평화는 역사가가 기준점으로 삼아야 하는 사건이었다. 뫼저는 이런 식으로 독일 역사의 발전 과정에서 하나의 통일적 묶음을 발굴하고자 했다.[37]

역사서술자에게 자기가 다루는 연구 대상 안에 숨어 있는 통일을 추적하라는 뫼저의 요청은 '통일' 개념을 최초로 그리고 직접 역사적 현실에 이르도록 만들어주었다. 더구나 여기서 '통일'은 전적으로 하나의 역사서술적 의미로, 즉 역사서술을 위한 주도적인 서술 원리로 사용된다. 뫼저는 "우리 역사의 계획이 …… 이런 방식이든 저런 방식이든 통일로 승화되길" 원했다. 그것도 독일 역사가 "수백 개의 조각으로 쪼개져나가는, 그리고 약간의 외피를 통해 서로서로 연결된 그 몸체의 부분들이 질질 끌리는" 뱀에 비유되지 않도록 하기 위해서 말이다.[38] 그러나 결정적으로 중요한 것은 여기서 통일이 그 당시까지의 역사서술에서처럼 더 이상 전적으로 제후국가들의 관점에서가 아니라, 비록 아직은 완전히 분명하게 틀이 잡힌 것은 아닐지 모르지만, 하나의 새로운 관점에서 관찰되기 시작했다는 것이다. 여기서 뫼저는 개체성 원리를 역사에 적용하면서 좁은 의미의 역사주의의 선구자가 되었을 뿐만 아니라, 주어진 그리고 역사적으로 성장한 인간의 공동 삶의 형식들의 내적인 형성 및 구성 원리들을 따져 묻는 하나의 새로운 사상의 선구자가 되었다.

7. '민족 통일Einheit der Nation' 개념의 준비 작업: 헤르더Herder

통일 개념의 역사는 헤르더와 더불어 하나의 결정적으로 새로운 단계에 이르렀다. 그의 사상 안에서 레싱의 정신적–문학적 통일 관념과 뫼저의 역사적–발생적 접근 방식이 하나로 통합되었다. 레싱의 통일 관념과 뫼저의 접근 방식은 이제 분명히 그들 자신의 공통적인 연관 지점을 발견했다. 그것은 곧 역사적으로 성장한 언어와 문화 공동체로서의 민족Volk, 국민Nation이었다. 헤르더는 《인간성을 고양하기 위한 편지들》(1793)에서 다음과 같이 한탄했다. "우리 민족Nation은" 그것이 "특정 종파가 되었든 정당이 되었든, 아니면 넘어설 수 없는 하나의 신분과 작은 신분의 경계가 되었든, 일반적인 관심사는 말할 것도 없고 취향과 교육의 문제에서 무엇이 사람들의 목소리를 그리고 심지어 참여하는 공중Publikum에 대한 생각을 함께 나누고 멈추게 하는지 거의 알지 못한다."[39] 조국의 분열은 당연히 정치적인 관점이 아니라 오히려 정신적–문화적인 관점에서 출발한다. 헤르더가 목표로 삼았던 것은 "하나의 공통의 공중"[40]을 만들어내는 것, 즉 언어에서 그들 자신의 공통의 문화적 유산을 의식하고 이러한 의식을 통해 그들이 하나의 통일로 뭉쳐지도록 만들어주는 여론을 조성하는 것이었다. 그래서 언어적 통일은 헤르더에게 하나의 문화적 그리고 또한 정치적 통일을 위한 결코 포기할 수 없는 전제조건이었다. "하나의 민족Nation은 언어를 수단으로 양육되고 교육된다. 그 민족은 언어를 통해서 질서와 명예를 사랑하게 되고, 순종적으로 되며, 도덕적으로 되고, 사교적으로 되며, 유명해지고, 부지런해지며, 강해진다." 하나의 민족Volk의 언어를 고양하는 "사람은 가장 확대되고 가장 훌륭한 공중을 확산시키는 것을 또는 그들을 스스로 **통합시키고** 더욱 견고하게 기초를 세우는 것을 돕는 사람이다."[41] 그러한 "통합" 안에는 불가피하게 중차대한 정치적 결과들을 낳을 조짐이 숨어 있었다. 지방들, 계층들, 심지어 신분들은 그동안 "서로 분리되어 있었다"는 것이다. 다름 아닌 "이른바 상류계층의 신분들이 지난 1세기부터 하나의 완전히 낯선 언어를 받아들이고, 하나의 낯선 교육과 생활양식을 선호하"면서, 그들 자신이 민족 분열의 한 요소가 되었다는 것이다. "누군가와 독일어로 말하는 사람은 노예였고 시종이었다." 바로 그래서 상류 신분들은 "그들의 사고방식에 따라 둘로 쪼개져 나갔"는데, 왜냐하면 "그들에게는 곧 그들의 가장 내면의 감정이 갖는 신뢰할 만한 하나의 공통적인 기관이 빠져 있"기 때문이다.[42] 헤르더는 자신의 시대에 누락된 하나의 정치적이고 사회적인 결속력을 확인했고, 이러한 결핍이 "조국의 언어"

에 대한 무관심에 기초하고 있다고 보았다. "한 나무의 어린 떡잎들이라고 할 수 있는 모든 신분이 양육되는 공간으로서 하나의 공동체적인 국어이자 모국어가 없이는 더 이상 그 어떤 감정에 대한 진정한 이해도, 그 어떤 공동의 애국적 교육도, 그 어떤 내적인 공동의 발견이나 모임도, 그 어떤 조국의 공중도 있을 수 없다."[43] "조국의 언어는 모든 계급을 통해서" 울려 퍼져"야 한다." 모든 외국어는 "둘로 쪼개지는 사마리아인의 언어"다.[44]

헤르더는 역사적으로 미리 주어진, 한 민족의 언어적–문화적 통일을 다시 견고하게 만드는 일에 희망을 품고 저 멀리 정신적–문학적 영역의 한계를 넘어선 기대들을 분명하게 묶어냈다. 그가 "우리 민족은 자신을 거의 인식하지 못한다"고 말했을 때, 그리고 "공통의 관심사"와 관련해서 "신분들의 분열"을 한탄했을 때, 이 생각들은 공통의 언어와 관습을 통해 지탱된 통일이라는 의미에서의 "문화민족"(프리드리히 마이네케)을 넘어 시야를 이제는 정치적인 (그리고 사회적인) 헌법체제로, 물론 아직은 명시적으로 명명되지는 않았지만 그래도, '민족의 통일'로 돌렸다. 헤르더의 작품은 또한 직접 표현하지는 않았지만 '통일'이라는 개념을 민족의 개념에 연결시켰고, 이와 함께 그동안 알려지지 않았던 정치적 활력을 갖는 하나의 민족적 통일 개념을 가능하게 했다.

8. 제국헌법에 대한 국법적 토론에서의 '통일' 개념

헤르더는 구 제국*의 마지막 몇십 년 동안 "민족정신Nationalgeist"에 의해 촉발된 운동의 원형처럼prototypisch 보인다. "민족 통일"을 향한 희망이 언어와 문화에서 정치로 넘어갔다면, 스스로 독특하게 갈가리 찢겨 있는 데다가 절대적 지배와 외적인 독립을 추구하는 제국 제후들에 대해 점점 더 무력해져 가는 "독일 민족"의 신성로마제국은 이제 불가피하게 새로운 방식으로 비판의 대상이 되어야 했다. 이러한 "민족 통일"에 대한 새로운 이념을 전승된 국법적 형식의 틀 안에서 실현시키는 것은 이미 18세기의 제국 내 "애국적" 저널리즘에서의 의도로 인식되었다. 여기서 통일 개념은 최초로 그 자신의 구체적인 정치적 내용들로 꽉 채워졌고, 동시에 'unitas'에 해당하는 이 새롭고 더욱 논리 정연한 단어(Einheit)의 사용은 하나의 견고하게 짜 맞춰지고 심도 있는 근거가 마련된 정치적 통일에 도달하려는 경향을 보여주었다.

이러한 제국의 저널리스트 중 "표현할 수 없을 정도로 비참한 제국의 상태", 겨우 "그림의 떡에 불과한 최고 권위"(요한 야콥 모저 Johann Jakob Moser)에 비견되는 황제의 "화려한 비참함splendida miseria"에 대한 환상에 빠져들었던 사람은 전혀 없었지만,[45] 제국의 기본법의 결속력 있는 통합적 힘에 대해서는 아직 거의 논의되

---

* [옮긴이] 신성로마제국을 뜻한다.

지 못했다. 요한 슈테판 퓌터Johann Stephan Pütter에게 (1784년의) "독일 제국"은 "만일 사람들이 처지, 크기, 내부 시설, 그 전체 사정 등의 다양성에 주목한다면, 서로 전혀 관련이 없는 것처럼, 최소한 몇몇 유럽 국가들과의 관계 말고는 다른 어떤 관계에서도 서로 적대적인 입장에 서 있는 것처럼 보이는",[46] 그리고 "공동체적 최고의 상부 권위로서의 황제"가 있는 한에서만 "하나의 국가"와 "하나의 제국"을 형성했던 국가들, 겨우 느슨하게 연결된 그런 주권 국가들로 구성되어 있었다. 따라서 "독일 제국의 지속적 통일을 지금 도처에서 인식하는 것"은 매우 어렵다는 것이다.[47]

그러나 "이 세상에서 그와 비견될 만한 것을 갖지 않는 매우 특별한 독일 제국의 통치 방식"(모저)[48]에 대한 예리한 분석을 통해, 약점과 결점을 발견함으로써 제국 헌법의 개혁에 기여하고자 하는, "제국을 위해" 그리고 그 아래서 살아가는 국민을 위해 "최상의 것"을 요구하는 "합일Einigkeit"을 다시 세우고자 하는 희망이 도처에서 빛을 발했다.[49] 노년의 모저는 이미 경건주의의 색채가 강한, 더 오래된 개념인 '합일'을, 성취를 위해 추구된 통일의 성격을 강조하려는 목적에서 매우 의식적으로 사용했다.[50] 이때 이를 주도한 동기는 영방 제후들의 경향을, 이 제후들이 사용하는 "군사적인 국법"을, 그리고 자유를 하나의 공허한 단어로 만들어 버리는 그들의 "전제적인 폭력"을 강력히 거부하는 것이었다.[51] 주어진 가능성들에 대한 현실적 평가 외에 애국적인 제국의 법률가들이 원칙적으로 제국헌법에서 고수하려던 것도 바로 이 동기였고, 황제와 제국 귀족들Reichsstände* 사이의 유기적인 상호작용 속에서, 그리고 다양한 정치 세력들의 하나의 균형 안에서 "독일 제국의 통일Einheit des Teutschen Reiches"이 추구되도록 해주었던 것도 바로 이 동기였다. 모저는 이 연관에서 "국가 전체에 공통적인 최상의 것"이 "통치의 균형" 위에 근거한다는 점을 힘주어 강조했고, 대항하는 힘이 없다면 그 어떠한 힘도 있을 수 없다는 사실이야말로 신적 질서에 상응하는 것이라고 말했다.[52]

그래서 18세기의 애국적인 제국 법률가들은 영방국가적 주권사상과 그것의 통일 모델을 강하게 거부하면서 "독일 제국의 통일"을, 제국헌법의 시의 적절하게 개혁된 기본법들과 제도들의 토대 위에서의 "다양성 속의 통일"로, 다양한 정치적 힘들의 "합일"로 이해했다. 물론 여기서 확실히 말해둘 점은, 아직은 과거의 법에 의무를 지고 있는 이러한 통일 사상이 하나의 새로운 정치질서의 기획으로 이어지지 않았고, 오히려 사람들이 말하는 오래되고 상실된 통일을 새롭게 되살려야 한다는 것이었다. 만일 그러한 희망에 불가피하게 이미 많은 회의가 뒤섞여 있었다면, 그 이유는 프랑스혁명의 영향 이후 민족의 통일을 제국의 실정법으로부터 전개한다는 것이 종국에는 비현실적인 것으로 드러났기 때문이다. 제국과 제국의 통일은 최초의 압력이 가해졌을 때 바로 무너질 허구였다는 것이 분명해졌다.

* [옮긴이] 신성로마제국의 제국의회에서 참여권과 투표권을 갖고 있던 (선)제후, 고위 성직자, 고위 귀족들을 말한다.

구 제국이 형식상 해체되기 얼마 전에 헤겔은 이 제국을 결산하면서 그리고 동시에 서유럽의 정치적 통일 관념들에 강한 영향을 받고서 독일이 더 이상 과거부터 내려온 제국의 국법적 형식을 따라가지 않고 하나의 새로운 정치적 통일로 나아갈 길을 제시하고자 했다. 헤겔은 자신의 《독일 제국의 헌법》(1801/02)에서 독일이 "더 이상 국가가 아니"라고 주장하면서 통일의 척도를 제시했다.[53] 그는 아이러니하게도 계속해서 다음과 같이 주장했다. 독일이라는 국가의 구조물은 "전체로부터 개별적인 부분들을 도출해낸" 법률들의 총합 이외의 다른 그 무엇이 아니다. "그리고 국가에는 그 어떠한 권력Gewalt도 남아 있지 않다는 점을 조심스럽게 감시하는 이러한 정의Gerechtigkeit야말로 바로 헌법의 본질이다."[54] 독일은 더 이상 "하나의 통합된 국가 전체로" 간주될 수 없고, 오히려 기껏해야 "독립적인 그리고 그 본질상 주권적인 국가들의 집합으로 간주될" 수 있을 뿐이다.[55] 헤겔에 따르면, "독일인들은" "제국"이라는 표현 속에서 "수백 년 동안 …… 그 행위에서 분리 상태에 대한 자신의 요구 중 그 어떤 일부도 최소한의 것조차 포기하지 않았던 …… 합일Vereinigung이라는 그림자에" 굴복하면서 살아왔다.[56] 헤겔이 보기에 "합일 또는 통합된 국가 전체"는 "독일의 민족적 성향들의 분리"와 반대되는 위치에 서 있었고, '통일'은 '분파주의'의 반대 개념으로 예견되었다. 비록 이 두 개념이 아직은 문자 그대로 반명제로 부각되지는 않았다 할지라도 말이다.

헤겔은 18세기 제국 법률가로서의 점점 더 강한 자의식 속에서 자신의—프랑스와는 반대되는 모형을 지향하는—개혁을 위한 제안들로써 당대의 정치 현실과는 스스로 거리를 두었다. 구 제국의 영토 위에서 점점 더 거대한 권력으로 상승해가는 영방국가들을 하나의 통일적인 중앙집권적 권력에 굴복시키는 일은 완전히 환상에 불과한 것으로 비칠 것이 틀림없었기에 헤겔의 글은 하나의 독일적인 테세우스Theseus*의 버전 안에서 정점에 달했다. "독일의 민족적 성향들의 분리"로부터 "통일"이 도출되어야 한다. 특히 이 민족적 성향들이 "하나의 정복자의 권력을 통해 **하나의** 덩어리로 결집될 수 있다"면, 그리고 이때 "모든 사람을 포괄하는 일에 참여하는" 하나의 "조직"이 테세우스가 아테네인들에게 주었던 것과 같은 작은 공간의 "민주주의적 헌법"에 상응하기만 한다면 말이다. "분열"과 "분리"는 "통일"을 통해 극복되어야 한다. 바로 이것이 "구체적인 통일"이었다.[57] 그것은 통일과 더불어 또한 자유("참여")가 (비록 "민주주의적"이지는 않지만, 그래도 아테네 민주주의와 유사한) 새로운 방식으로 보장되는 권력을 통해서 가능하다.

동시대의 나폴레옹 전쟁의 체험을 배경으로 해서 나온 이러한 사변 외에 특히 남부 독일에서—가령 한 뷔르템베르크인이 1799년 익명으로 작성한 〈독일에 적합한 하나의 공화주의적 헌법 문서의 기획〉에 드러나 있듯이—"하나의 그리고 분리될 수 없는 독일

---

* [옮긴이] 그리스 신화에 나오는 아테네의 영웅이다.

자유국"에 대한 요구도 제기되었다.[58] 그러나 이러한 그룹들의 추종자나 영향력은 미미했고, 1840년 이후 민주주의 운동이 등장하면서 비로소 통합적 통일 구상은 더 많은 영향력을 갖는 대변자들을 발견했다.

9. 나폴레옹 시대

구 제국의 형식적 해체와 더불어 곧이어 "독일의 통일"을 규정할 미래의 국법적·정치적 형식에 대한 모든 가능한 생각들이 난립하는 공백기가 발생했다. 동시에 하나의 나폴레옹적 "세계 왕정"의 등장이라는 인상 아래서 그리고 그에 대한 반응 속에서 초민족적이고 초국가적인 "유럽의 통일", "서양의 통일"이라는 이념(횔덜린, 노발리스)이 강력한 자극을 주었다. 구체적인 통일 관념들에 미친 그들의 영향력은, 그들이 여기서 일종의 과거 지향적 유토피아를 향한 명백히 두드러진 경향을 더욱 강화하는 한, 결코 작지 않았다.

왜냐하면 "애국자들"의 전통 속에서 모든 해결 모형들 가운데 독일 통일의 문제를 논의할 때 과거의 제국 및 그 헌법체제와 다시 연결하는 사상이 가장 효과적이라는 것이 잘 입증되었기 때문이다. 18세기의 저널리스트들이 전개했던 제국 개혁에 대한 나름 객관적인 계획들은, 전혀 위안을 주지 못하는 현실을 중세 제국의 강력한 이미지로 반박했고, 이러한 제국의 재건 속에서 이상적인 목표를 발견하고자 했던, 일종의 제국 낭만주의Reichsromantik로 뒤덮였다. 심지어 슈타인 남작Freiherr von Stein조차 이러한 견해들의 궤도 위에 서 있었다. 그는 자신의 목표를 "단 하나의 조국, 즉 독일"로 규정했다. 그는 자신의 "신앙고백"이 "통일"로 나아갔다고 말했다.[59] 그러한 통일은 이미 한 차례 실현되었다는 것이다. 즉 "10세기에서 13세기 동안 우리의 위대한 황제들이 강력하고 힘차게 통치했던 단 하나의 자립적인 독일"이 바로 그것이다.[60] 슈타인은 수많은 동시대인들과 함께 역사를 뒤돌아보면서 "독일이 자신의 자립과 독립과 민족성을 성취하기 위해 위대하고 강력하게 되기"를 희망했다.[61] 그러나 잃어버린 것을 끄집어 올리는 일이 민족에게는 쉬운 일이 아니기에, 독일 민족은 "36명의 전제군주들로 파편화될" 것이 아니라 가능한 최대로 효과적인 "연방적 체제 föderatives Verhältnis"를 통해 "독일의 연방Bund von Deutschland, 즉 오스트리아와 프로이센의 연방"으로서 최소한 근접하게라도 민족의 통일이 이루어져야 한다는 것이다.[62]

여기서 특이한 점은—제국법적 전통과 모순되지도 않으면서—'통일'이라는 개념이 '연방Bund'이라는 개념과 아주 밀접한 관계를 맺고 있다는 것이다. '연방'은 동시에 '통일'을 임시로 대체하는 형식으로, 일찍이 슈타인 남작이 표현했듯이, 일종의 통일로 가는 "전환점"으로 간주되었다.[63] 그러나 10세기에서 13세기 사이의 신성로마제국이라는 이 잃어버린 역사적 전범은 슈타인에게는, 그가 혁명적이고 황제적인 프랑스에서 결정적으로 관철되었다고 보았던, 하나의 중앙집권화된 통일국가 같은 것이 아니었다. 슈타인에게 통일은 독일적 개념에 따라 아무래도 문서화된 하나의 지역적 다양성 속에서만 실현되어야 했다. 역사적 근거를 갖는 독일의 국가 건설에서 지속적으로 영향을 미치는 전통은 더 나아가 그 뒤에 계속되는 시기 동안 독일에서의 '통일'이 대체로 "연방국가적 통일bundesstaatliche Einheit"로 인식되도록 제약을 가했다.

이 당시 독일의 정치적 통일 관념들에 전형적인 현상으로서 '연방'과 '통일' 개념의 결합은 계속해서 반복적으로 발견된다. 그래서 가령 나폴레옹에 대항한 전투들에서 주도적인 역할을 한 군사적 인물 중 한 사람인 폰 슈타인메츠 장군General von Steinmetz은 그나이제나우Gneisenau에게 보내는 1815년 9월 15일 자 편지에서 다음과 같이 썼다. "나는 이제 프로이센−독일적 연방이라고 불리는 하나의 연방이 등장하는 것을 보고 싶네. 왜냐하면 만일 그러한 연방이 없다면 모든 노력과 행동에 공을 들일 가치가 없기 때문이지. 만일 독일에 통일이, 즉 프로이센을 통한 하나의 강력한 통일이 없다면, 우리는 어떻게 평온을 찾을 것이며 어떻게 생각하고 행동할 자유를 유지할 수 있겠는가?"[64] 슈타인메츠는 "독일에서의 통일"이 오직 하나의 "프로이센−독일적 연방"을 통해 보증될 수 있다고 보았다. '통일'과 '연방'이라는 두 개념은 그에 의해 하나로 명명되었다. 독일의 통일이 하나의 연방이라는 국가적 형태 안에서 실현되는 것은 여기서 곧 자명하고 논란의 여지가 없는 것으로 전제되었다. 독일의 정치의식 속에서 '연방'과 '통일'이라는 개념들 사이의 결합이 얼마나 일찍 확고하게 자리잡았는지는 1815년 라인란트인으로 프로이센의 참사관Regierungsrat을 지냈던 코페K. W. Koppe의 한 글에서 더욱 선명하게 드러난다. 이 글은 왕정복고 시대가 시작될 즈음에 프랑스적 모델을 강력히 거부하면서 동시에 정교한 형태로 독일 "애국자들"의 통일에 대한 구상과 기대를 다음과 같이 표현한다. "만일 누군가 마치 한때의 권력자*가 프랑스 전역에서 지배했던 것처럼 독일 전역에서 어느 한 사람이 지배하는 것을 아주 간절히 원한다면, 그리고 만일 누군가 어느 한 독일의 제후가 또는 어느 한 독일의 민족이 나머지 제후들이나 나머지 독일 민족들을 **강압적으로 밀어붙여** 독일에서의 단독 지배권이라는 그러한 상황을 폭력적으로 자기에게 유리하게 창출하도록 노력해야 한다며 매우 **뻔뻔스럽게** 충고한다면, 사람들이 독일 통일의 설교자들에 반대한다고 말했던 매우 강력한 기운이 점점 더 약해지고 더 부드러워질 것으로 생각된다. …… 독일 문학과 같은 독일 정신과 독일적 성향의 전체적 발전은 역사적으로 견고하게 뿌리내린 우리 민족들Völkerstämme의 관계에 근거한다. 바로 그 관계 덕분에 우리 민족들은 그만큼 독립적으로 나뉘어 있고, 그만큼 헌신적으로 연결되어 있으며, 그만큼 엄격히 경계가 그어져 있고, 그러면서도 그만큼 서로 합류하고 있다. 자

---

* [옮긴이] 문맥상 나폴레옹을 말한다.

신을 자랑스럽게 독일인으로 명명하는 사람은 …… 한때 발트해에서 아드리아해까지, 비스와강Weichsel*에서 뫼즈강Maas**까지 **하나의** 의지가 지배하고 있고, 정치적이고 정신적인 발전에서 **하나의** 척도가 추구되고 있으며, 지역적 개체성의 더 완벽한 모든 발전을 한입에 집어 삼켜버리는 무덤으로서 **하나의** 거대한 수도가 열릴 수 있다는 생각 앞에서 전율을 느껴야 한다. 그리고 독일 땅에서 태어나 …… 가장 **다행스러운** 경우 장기간의 피투성이 투쟁 이후에 독일 역사의 모든 존경할 만한 기념물들의 잔해더미들 위에서 그리고 저 강력하고 핵심적이며 중요한 독일적 **다양성**의 죽음 위에서 하나의 독일 **통일**의 창백한 환영을 들어올리기 위해서 …… 자신의 제후에게 독일인들을 상대로 자신의 독일 민족을 무장하라고 충고하려는 사람이 있다면, 그의 조국이 그를 내다 버려야 하고, 그의 민족의 불만이 그를 말과 행동으로 압박해야 한다."[65]

1815년의 독일연방 체제[66]는 '연방'과 '통일' 개념들이 지금까지 서 있었던 관계를 수정했다. 정치의식이 '연방' 개념을 독일연방이라는 역사적 이미지와 동일시했다면, '연방'은 더 이상 '통일'의 양식으로만 또는 통일로 넘어가는 "과도기Übergang"로만 인

---

* [옮긴이] 폴란드 남부의 베스키디 산맥Beskidy에서 발원해 발트해 쪽으로 흐르는, 폴란드에서 가장 긴 강으로, 영어로는 비스툴라강Vistula으로 부른다.
** [옮긴이] 프랑스 북동부, 랑그르Langre 고원에서 발원하여 벨기에, 네덜란드를 거쳐 북해로 흐르는 국제적인 강이다.

식될 수 없었고, 오히려 '통일'의 반대 개념으로도 사용될 수 있었다. 그래서 역사가 아르놀트 헤르만 루트비히 헤렌Arnold Hermann Ludwig Heeren은 느슨한 독일연방을, 지속성과 평화를 위한 보증수표 격인 유럽 체제 안에 집어넣는 것을 찬양했다. 만일 독일연방이 "독일이 보유하고 있는 그 모든 물질적인 국가의 힘으로 무장된, 엄격하게 정치적으로 통일된 하나의 거대한 왕국"이라면, "어떠한 확실한 평화상태가 이 왕국을 위해 가능할까?" 그보다 더한 것이 있다. 그것은 즉 "하나의 유일한 그리고 제한 없는 독일 왕국의" 등장이 "짧은 기간 안에 유럽의 자유의 무덤이 될 것"이라는 점이다.[67] 하나의 거대한 독일적 국가민족의 통일은 따라서 "위험한 것"으로 간주되었다.[68]

비록 독일연방이 "그 자신의 외적인 관계들에서" 그 자신을 위해 "정치적 통일"의 원리를 요구했다고 하더라도, 그 자신의 내적인 구성은 이 원리를 전혀 염두에 두지 않았다. 에른스트 모리츠 아른트Ernst Moritz Arndt는 1815년에 "최근에 발생한 그 모든 위대한 사건들에도 불구하고 그리고 독일 국가들의 최근 그 모든 화려한 역사에도 불구하고—제국의 통일성이 결핍되어 있고 제국이 가지고 있어야 할 수단들이 턱없이 부족함"을 한탄했다. "…… 제국이 더 나아질 때까지, 그리고 우리 조국의 갈가리 찢긴 부분들이 다시 통일을 위해 더 많이 함께 결합할 때까지" 사람들은 당분간 "상황에 따라 가능한 것"에 만족해야만 한다. "우리는 완벽한

것을 바라서도 안 되고 바랄 수도 없다."[69] 아른트는 해방전쟁*에
서 가장 먼저 낭비된 유산, 즉 독일의 통일을 미래의 과제로 추구
했다. "우리는 이 모든 것을 그저 우리의 발전에 아마도 더 적합한
미래를 위한 준비이자 예비 작업으로 간주해야 한다."[70] 이것이 바
로 이 시점부터 시작해서 '통일'과 '연방' 개념이 하나의 긴장관
계 속에 들어서게 될 배경의 분위기다.

10. 3월혁명 이전 시기의 '통일' 문제와 개념

통일의 결핍은 민족들의 통일과 자유와 자결Selbstbestimmung에 대
한 요구가 전 유럽 민족들을 휘어잡던 시기에 더욱더 강하게 독일
통일 문제에 관한 토론을 불러일으켰다. 레오폴트 폰 랑케는 1832
년 "정도에서 벗어난, 또 가장 불리한 상황의 다양한 처지에서도
생생히 솟아오르면서" 드러나는 "하나의 감정의 진실과 내적인 필
연성"에 대해 언급했다. 바로 그 감정은 "우리의 과거 수백 년을
관통해서 많건 적건 효과적으로, 그리고 우리 시대에 다양한 형태
의 긴장 상황에도 불구하고 억누를 수 없을 정도로 보여주"었던,
"하나의 본질적인 독일 통일의 감정"이라는 것이다.[71] 랑케는 자
기 시대의 정신적-정치적 환경이 그러한 감정에 의해 각인되었다

---

* [옮긴이] 나폴레옹 체제에 대항해서 싸운 독일 민족들의 전쟁을 말한다.

고 보았다. 그 때문에 "독일 통일이 언제나 반복해서 논의되고 있다"는 것이다.[72] 그러나 독일연방 체제는 독일이 정치적 통일로 가는 길에 도저히 극복할 수 없는 장애물을 설치해 놓았다. 그래서 정치적 정체(停滯)가 심하던 이 시기에 사람들이 다시 한번 독일 민족의 정신적 통일 개념에 기댔던 것은 결코 우연이 아니었다. 파울 아하티우스 피처Paul Achatius Pfizer의 《두 독일인의 서신 교환》(1831)에서 프리드리히는 빌헬름에게 다음과 같은 질문을 던진다. "그리고 우리가 그렇게 애타게 열망하던 민족적 통일이 완전히 사라졌다는 것이 확실한가? 그렇다면 이러한 통일은 오직 충만한 권력과 명성과 연결되었을 때만 생각할 수 있어야 하고 외관상 감명을 주는 민족의 등장 없이는 전혀 불가능해야 하지 않을까? 그러한 통일은 아마도 정신의 눈에는 열려 있지만 육체적인 눈에는 감추어져 있는, 그런 정신적인 종류의 통일은 아니지 않을까?"[73] 프리드리히는 "하나의 독일 민족"이 "…… 비록 더 조야한 시각에는 감추어져 있고, 커다란 세계분쟁의 결정에서는 전혀 결정권이 없다 하더라도, 이른바 정신적 통일을 통해서" 여전히 존재한다는 사실을 확신한다.[74] 이 《두 독일인의 서신 교환》에는 헤르더의, 다음으로는 괴테에 의해 계속 전개된 민족의 문화적 통일에 대한 사상이, 언어와 문학에서의 "공통의" 정신적 유산을 통해 하나로 통합시켜 묶고 있는 "하나의 공통의 공중"에 대한 사상이, 동시에 이 사상 안에 담겨 있는 정치적 동기가 매우 강력하게 영향을 미치고 있다. 그래서 빌헬름에게 보내는 프리드리히의 16번째 편지에는 다음과 같이 적혀 있다. "우리는 외형적 통합에 앞서 완전한 정신적 통일을 이루어야 한다."[75] 프리드리히의 서신 상대인 빌헬름은 정신적 통일이 정치적 통일의 그저 매우 불만족스러운 하나의 "대체품Surrogat"이라는 사실에 이의를 제기했다. 즉 그 안에는 정치적 통일의 긴박성을 은폐하는 위험이 숨어 있다는 것이다.[76]

3월혁명 이전 시기에 독일의 정치적 통일 문제에 관한 토론은 시민적-자유주의적 운동이 주도했고 추진해나갔다. 이 운동은 거기서 두 개의 전통 위에 서 있었다. 하나는 그 운동이 프랑스혁명의 원칙들과 연결되어 있었고, 또 하나는 그 운동이 자신을 18세기 "애국자들"의 정신적 유산의, 그리고 성공을 거두지 못한 채로 남겨진 반나폴레옹 해방전쟁에서의 통일 노력의 정통 관리자로 느꼈다. 이 둘은 자유주의적인 정치적 통일 개념 안에 반영되어 나타났다. 자유주의자들의 통일에 대한 민족정치적 기대, 그리고 자유주의자들이 민족적 통일의 사상과 연결시킨 희망은 칼 테오도르 벨커Carl Theodor Welcker가 "독일연방을 조직적으로 발전시키기 위해서, 그리고 독일의 민족통일과 독일의 국가시민적 자유를 가장 훌륭히 진작시키기 위해서" 프랑크푸르트 연방의회 옆에 하나의 민족전당Volkshaus의 설립을 요구했던 1831년 바덴의 하원에서의 유명한 행동에서,[77] 또 남독일 자유주의자 빌헬름 슐츠Wilhelm Schulz가 그것과 연계해 작성한 《민족 대표를 통한 독일의 통일》이라는 제목의 저술에서[78] 분명하게 드러난다. 그에 따라 통일은 이제 자유주의자들의 정치적 관념의 세계에서도 독일의 역사에서 끄집어낼 수 있는 권리가 되었다. 그렇다, 통일은 말하자면 독일 역사가 독일 민족에게 발행했지만 아직은 상환되지 않은 어음이었다. 통일은 동시에—여기서 사람들은 18세기의 "애국자들"만큼이나 프랑스혁명을 그 근거로 끌어들이는데[79]—자유에 입각한 자결 사상과 매우 밀접하게 연결되어 있다. 바로 이 사상이 민족적 통일 안에서 체현된다는 것이고, 통일은 그 사상이 계속 전개될 수 있는 기틀을 마련해준다는 것이다.

'통일'과 '자유'의 개념들은 무엇보다도 그 때문에 아주 밀접한 관계에 들어서는데, 왜냐하면 정치적 현실, 독일연방의 지배적 "체제"는 이 두 개념의 본질에 반대하는 쪽으로 가고 있었기 때문이다. 나중에 블룬칠리/브라터Bluntschli/Brater의 《독일 국가사전 *Deutsche Staatswörterbuch*》이 독일연방에 대해 표현하고 있듯이, "독일연방의 최종 협약서Schlußakte는 조국의 통일을 국제법적 협회로서의 연방에 대립하는 것으로 설정한다. 그리고 이 협약서는 (사람들이 염두에 두어야 했듯이) 그 자신에게 위임된 국가들 안에서 시민적 자유 또한 절대적으로 명령하고 금지하는 중앙 경찰 권력으로서 독일연방과 대립하도록 만들었다."[80] 자유주의적 통일과 자유에 대한 요구는 "메테르니히 체제"에, 즉 전승된 정치적이고 사회적인 유럽의 질서를 보존하려는 시도에 반대하면서 즉시 서로 결합했다. 왜냐하면 자유주의자들은 오직 "민족적" 해결책, 즉 독일 통일의 실현을 통해서만 독일연방 "체제"의 붕괴와 자유주의 질서의 도입이라는 그들의 목표를 달성할 수 있다고 믿었기 때문이다. 통일은 따라서 자유의 전제조건이 되었다. 필립 야콥 지벤파이퍼Philipp Jakob Siebenpfeiffer는 1832년에 쓴 한 신문기사에 〈독일의 분열—자유주의 발전의 방해요소〉라는 제목을 달았다.[81]

칼 폰 로텍Carl von Rotteck은 이 연관관계를 특별히 분명하게 작업했고, 자유주의자들의 자기이해의 근저에 놓여 있는, '통일'과 '자유' 두 개념의 독립성을 예리하고 첨예하게 표현했다. 그는 앞서 언급한 빌헬름 슐츠의 책에 대한 서평에서 다음과 같이 말한다. "사람들이 그렇게 원했던 급진적 치료, 즉 민족의 이해관계를 충족시키는 통일의 달성과 법적인 요구를 만족시키는 자유의 설립이 실제 집권자의 동의와 함께 성공을 거둘 것이라는 이성적인 희망은 전혀 현존하지 않는다."[82] 동시에 그는 여기서 초기 자유주의의 긍정적인 통일 관념을 다시 한번 분명하게 요약했다. "애국자가 원하고 요구하는 …… 독일의 통일은 연방 소속의 개별 국가들의 독립이 침해되지 않고, 그들의 고유한 또는 독특한 국가 생활과 관련된 모든 것에서 전체 연방 안에서의 정치적이고 시민적인 자유의 거대한 원칙을 보유하면서 지배적으로 유지되는, 그리고 외교적인 것과 관련해서는 독일이 민족적 전체 의지의 혼이 담긴 **하나의** 권력으로, 모든 개별 상처가 더 이상 발생하지 않도록 만드는, 그런 위풍당당한 권력"을 뜻하는 통일이다. 그런 통일은 오직 "순수하고 활력에 찬 국민—대의기관National—Repräsentation의 결과물"일 수 있다.[83] 이 국민—대의기관은 프랑크푸르트에 있는 독일연방 의회의 자리에 들어서야 한다. 따라서 독일의 근대적 통일은 여기서 벨커나 슐츠보다 더 급진적이었던 로텍에게는 국민에 의해 선택된 전체 대표기구가 없다면 결코 실현될 수 없었다.

로텍은 자유주의적 통일 개념을, 메테르니히 체제를 이끌어가는 "궁정 귀족들"의 통일 의식과 대립시켰다. 이 궁정 귀족들은—자유주의자들이 보기에—통일과 자유에 대한 민족의 권리라는 "시의적절한 것das Zeitgemäße"에 반대하는 반동적 최전선에 모인 사람들이다. 로텍은 다음과 같이 쓰고 있다. "이러한 방향의 통일보다는 어쩌면 분열이 영원히 선호될 수 있을지도 모른다. 그리고 —한 부분으로 나누어 들어가는 것으로서—이곳에서의 현실적 상황에 따라 예전부터 사람들이 희망하거나 기대했던 유일한 최상의 것이 바로 이 분열이다. 이때 현실적 상황이란 **입헌주의적** 제후들이 **그들의** 권리와 **그들의** 명성이 근거를 두고 있는 원리를 언젠가 인식하고 높이 평가하는 것을 배우는 경우, 그리고 그들이 그 결과 절대주의적인 연방 소속 국가들과 그들의 규정에 맞서 자유를 보호하는 입장을 취하는 경우를 말한다."[84] "진정으로 자유주의적이고 입헌주의적인 법률과 제도로의 통합"은, 적어도 로텍의 생각에 따르면, 비록 그에 대한 요구가 "일반적이고 합리적인 이유에서" 상당히 높은 정당성을 갖는다고 하더라도 "하나의 국민-대의기관을 통해서는 거의 …… 기대할 수 없다." 그 때문에 그는 "입헌적인 연방 소속 국가들의 더욱더 밀접한 합의"의 편을 들었다. "입헌적 정부들의 더 밀접한 연합은 이들 모든 정부를, 유럽의 강대국들—특히 프로이센과 오스트리아는 "강력한 유럽적 연방 소속 국가들"로 간주된다—을 통한 정복의 위협에서 벗어나게 해줄 것이고, 그 안에 소속된 독일 민족들에게 입헌적 원리의 유지를 보증해줄 것이다."[85] 독일적 독특성은 결국 국민의회뿐만 아니라—특별히 더 강조해서—하나의 연방기관Föderationsorgan을 필요로 했다. 이에 따라 독일 민족의 통일은 오직 통일된 대의제적 원리와 연방제적 원리를 서로 연결했을 때에만 파악될 수 있었다. 이때 물론 연방제적 원리는 부족한 것으로 간주되던 독일연방의 국법을 명시적으로 따라서는 안 되었다.

'통일'이라는 개념영역은 3월혁명 이전에 주로 자유주의의 민족 정치적 구상으로 채워져 있었다. 즉 자유가 가능해지도록 하기 위해서는 독일연방의 자리에 민족적 통일이 들어서야 했다. 정치적 통일은 하나의 보증된 자유를 위한 필수불가결한 전제조건으로 간주되었다. 그렇지만 '통일'이라는 정치적 개념은 또 하나의 다른, 즉 자유주의에도 동시에 핵심적인 요구와 묶여 있었다.

독일연방의 시기에 민족통일이 이루어지지는 못했지만, 반면 연방 소속의 개별 국가들의 정치적 통일은 점점 더 강화되어가는 추세에 있었다. 이 정치적 통일은 이들 국가의 관료제적–중앙집권적 지배구조 속에서, 즉 "국가권력의 통일" 속에서 구체적으로 나타났다.[86] 이 통일은 이제 시민적–자유주의적 운동을 하는 사람들의 눈에는 단지 민족정치적 관점에서만이 아니더라도 하나의 개별적이고 불완전한 통일로 비쳤다. 로텍/벨커는 "국가행정Staatsverwaltung"이라는 표제어 아래 절대왕정의 시기에 형성되었던 것과 같은 왕정적-지배체제의 관료국가를 다음과 같이 비판했다. "하나의 자립적인, 민족으로부터 분리되고 완결된 최고의 권위를 단일 정부와 국가행정에 내맡겼을 때의 불가피한 결과는 …… **국가사회적 통일**staatsgesellschaftliche Einheit이 사라지고 그 자리에 두 파벌이 등장했다는 것이다. 즉 통치자와 피치자, 관리자와 피관리자가 여기서 자주 상반된 이해관계를 갖고서 반대편에 서 있었다. 그리고 지배자들이 자신들의 수행원들을 데리고 전적으로 민중으로부터 독립된, 그 자신을 위해 존재하는 권력을 형성하기 위해서 민중들로부터 자신을 멀어지게 하고 분리하면 할수록 이를 통해 국가사회 안에서 분열은 더욱더 커질 수밖에 없었다."[87] "국가사회적 통일"은 자유주의자들이 보기에 오직 하나의 입헌적인 헌법질서를 통해서만 보장되었다.[88] 영국이 여기서 하나의 모범적 사례를 제공했다. 영국은 "국가사회의 자체정권의 체제"를 실현해왔는데, 이 체제는 "민족의 미성숙 상태들에 적합한 후견인적 성격의 정부"와는 전적으로 정반대 편에 서 있다는 것이다.[89] 자체 통치와 자체 행정이라는 영국적 원리는 "공적 생활의 모든 영역"을 지배하고, 그래서 "국가사회적 통일이 가져올 위험 없이 가장 자유로운 국가생활"이 펼쳐진다는 것이다.[90]

이 연관에서 '통일'은 정치적이고 사회적인 삶의 내적인 응집력을 나타내는데, 일반적으로 표현하면 국가와 사회가 밀접하게 서로 섞여 있음을 뜻한다. 이 통일은 자유주의자들에 의해 바로 독일적 상황에 전형적인 국가와 사회의 분리를 극복하고자 했던, 그리고 국가를—영국 모델을 따라서—일종의 사회의 방향 설정 및 조정 위원회로 만들어야 했던 하나의 헌법 프로그램 안에서 추구되었다. 그래서 초기 자유주의 안에서는 '통일'과 '자유' 이 두 개념이 이중적 의미에서 서로 나뉘어 묶여 있었다. 즉 독일 민족의 정치적 통일은 자유주의 헌법 개혁들의 전제조건처럼 보였고, 이 개혁들은 다시 외적인, 정치적인 통일을 보완해주며 그 외적인 통일이 내적으로 견고한 기초를 갖도록 해줄 그러한 통일, 즉 "국가 사회적 통일"을 창조해냈다.

사람들이 '통일'과 연결하면서 가졌던 모든 기대는 곧 3월혁명 이전 시기에 추가로 다음과 같은 사실을 야기했다. 즉 사람들은 '통일'이라는 개념 위에 구체적인 정치적 목표에 관한 생각을 넘어서 비합리적–유토피아적인 그리고 거의 종교와 유사한 희망들을 장착시켰다. 바로 여기서 두드러진 점은 기독교적인 통일 관념들이 되살아났다는 것이다. '통일Einheit' 그리고 '합일Einigkeit'과 '일치Eintracht'는 여기서 "재생[부활]Wiedergeburt"과 "갱신Erneuerung"과 "모든 긴장과 대립의 종말" 등을 뜻하는 일종의 천년왕국설적인 색조를 띠었다. 이들 중 하나가 요한 게오르크 아우구스트 비르트Johann Georg August Wirth가 1832년 함바흐 축제Hambacher Fest* 기간 동안 지속해서 제기되었던 "해방과 재통합Befreiung und Wiedervereinigung" 요구에 대한 반응을 보이기 위해 썼던 단어들 안에 반영되어 나타났

---

* [옮긴이] 1832년 5월 27일부터 6월 1일까지 독일 바이에른 왕국의 라인란트팔츠의 함바흐 성에서 민족주의와 자유주의 운동을 표방하고 열렸던 축제다.

다. "독일 통일이라는 마법의 단어가 마치 전기 불꽃처럼 우리나라의 모든 지역에 옮겨붙었다. 민족은 단기간 내에 변했다. 단 하나의 이념이, 단 하나의 공감이 모든 것을 움직였다. 조국의 재생이 바로 그것이다."[91]

여기서 민족통일의 이념과 관련해 반영된, 동일하게 상승한 기대감은 또한 "국가사회적 통일"의 관념과도 연결되었다. 이것이 공권력을 갖는 국가에 대한 아주 구체적인 정치적 요구들을 의미하는 만큼, 그 관념에는 곧 이 목적이 이루어지고 나면 모든 갈등이 끝날 것이라는, 국가와 분열의 자리에 도처에 일치와 통일이 들어설 것이라는 희망이 쉽게 결합되었다. 바로 이로부터 동시에 정당 개념에 대한 전통적인 폄하가 새롭게 확인되었다. 즉 정당은 분열의 요소로, 민족의 통일과 민족적 이해관계의 통일이라는 이념과 화합하지 않는 것으로 보였다.[92] 이때 통일의 이념에 연결된 유토피아적 희망들과 정치적 절대성의 요구가 두드러지게 표출되었고, 이 둘은 특히 민주적 좌파 계열의 일부 사람들에게서는 아주 밀착되어 섞여서 나타났다. 이것은—루소에 의해 이론적으로 준비된 것으로—프랑스에서 1789년 이후, 같은 방식으로 관찰되었던 과정이다. 프랑스에서처럼 독일어권 지역에서도 이 과정은 점점 더 사회적 영역에까지 퍼져서 나타났고, 평등 이념과 함께 통합되었다. 특히 이러한 전개가 분명하게 반영된 젊은 마르크스의 저작들을 머릿속에 떠올리면 된다. 통일에 대한 모든 기대의 최고 목표는 1848년까지 민족적 통일이었다. 이 민족적 통일은 결국 정치적 통일에 대한 요구와 역동적으로 묶이는데, 이로써 더 이어지는 모든 희망은 좁은 의미의 정치적 영역만이 아니라 정신적이고 사회적인 영역에까지 넓혀서 나타났고, 그것은 곧 모든 손상을 제거하는 민족의 "재생"에 대한 희망을 뜻한다. 주위의 모든 물건을 태워버리는 화경火鏡처럼 로텍/벨커 사전에서의 "통일" 항목은 다시 한번 이러한 요구를 위해 필요로 하는 모든 근거를 한데 끌어모았다.[93] 이것은 또한 "민족성 이념Idee der Nationalität"의 기본 토대였던, "민족의 개체성Individualität der Völker"에 대한 헤르더의 사상을 연상시킨다. 이 정신적 공간 안에서 통일에 대한 확신이 성장해야 했고, 그 확신이 다시 공통의 역사와 문화를 통해 결합된 "거대한 민족의 단위들"에게 "독립적인 개별존재로 존속하고 자신을 만들어나갈 권리가 주어진다"는 정치적 의식의 핵심 구성요소가 되어야 한다는 것이다.[94] 특수한 상황들이 "…… 민족통일에 대한 그리고 민족성에 대한 개념을 발전시키는 데 유리하게 작용했다." 이것이 바로 "프랑스혁명을 계기로 세간에 떠돌아다니던 생각들"이자 다른 한편 유럽의 민족들을 "나폴레옹의 포위와 정복"에 맞서 싸우도록 만들었던 투쟁이었다. "스페인인들, 러시아인들, 독일인들은" 해방전쟁으로부터 "…… 정신적 성과로서 마치 인간 신체의 각 부위들과 그 신체에 영혼을 불어 넣어주는 정신적 힘들이 하나로 통일되어 있듯이 민족도 하나로 통일되어 있다는, 그리고 이러한 통일을 갈가리 찢어놓는 모든 시도는 곧 인권을 침해하는 범죄행위라는, 다소 분명한 의식"을 도출해내었다.[95] 여기서 '통일' 개념은 이미 언급했던 관념의 내용과 연관되어 등장한다. 즉 국민 또는 민족의 '통일'은 여기서 프랑스혁명을 바로 하나의 자연권, 하나의 "인권"으로 승화시켰던, 그러한 역사적 권리로 제시된다.

사람들이 민족통일의 이념과 연결시켰던 구체적인 기대들과 관련해서는 1830년 이후에, 특히 1840년 이후로는 이른바 "운동정당Bewegungspartei" 내에서 더욱 두드러지게 점차 분화된 모습이 관찰되기 시작한다. 이 분화된 모습은 다양한 사회적 입장과 그 입장을 대변하는 사람들의 관심의 다양성을 각각 반영한다. 특히 1833년 독일의 관세동맹이 설립된 이후에는 무엇보다도 재산을 보유한 시민계층의 영역 안에서 경제적 고려가 점점 더 전면에 떠올랐다. 비록 여기서도 사람들이 현실적 목적을 넘어서는 새로운 경제적 동맹의 정치적 의미를 강조했지만, 사람들은 파울 아하티우스 피처와 함께 그 경제적 동맹이 갖는 "새로운 독일의 개척자이자 옹호자"로서의 기능을 강조했고,[96] 그 경제적 동맹을—에른스트 모리츠 아른트가 1843년에 했던 것처럼—"아름다운 전체 감정"의 독려자로서 환영했다.[97] 그러나 동시에 이러한 "중상주의 민족동맹Nationalverein im Merkantilistischen"(피처)을 통한 독일 통일의 문제에 대한 논의는 새로운 지평을 얻게 되었다. 그래서 로텍/벨커 사전에서의 "통일" 항목은 다음과 같이 진단했다. "하나의 더 확고한 정치적 합일의 이념은 독일인들 사이에서 아마도 기존의 자리에 들어설 수 있을지 모르는 그 어떤 **특정한** 헌법의 이념보다도 더 인기가 있고 더 커다란 **실제적** 중요성을" 갖는다.[98] 여기서 바로 경제적 합일로부터 불거져 나온 장점과의 연관 속에서 관찰되어야만 하는 하나의 경향이 제시되는데, 그것은 곧 통일의 요구를 더 강조하면서 나온 자유의 요구와 통일의 요구 사이의 무조건적인 연관성의 해체다. 이러한 경향은 경제적인 이유에서 가장 격렬하게 개별 국가의 좁은 틀을 훌쩍 뛰어넘어 밖으로 나가고자 했던 유산 시민계층의 영역 안에서 가장 두드러지게 나타났다. 민족적 합일에 대한 이러한 경제적 관심은 자유주의적인 헌법체제의 틀 안에서만 합일이 이루어져야 한다는 생각을 서서히 뒷전으로 밀어내기 시작했다.

그에 반해 "운동정당"의 좌파 쪽 사람들은 자유주의 헌법체제의 틀 안에서 합일이 이루어져야 한다는 생각을 확고하게 유지했다. 이미 1832년의 함바흐 축제에서 몇몇 참가자들은 다음과 같은 구호를 제시했었다. "자유 없는 통일보다는 차라리 통일 없는 자유." "반동적인" 프로이센의 지도하에 그리고 그에 따라 결국 관세동맹의 지도하에 펼쳐지던 하나의 합일에 대해 무조건 반대했던 칼 폰 로텍 또한 이와 같은 주장을 자주 펼쳤었다.[99]

무엇보다도 이제 막 형성되기 시작한 민주주의적 정당의 정신적 대변자들은 시민적 자유주의자들에 격렬하게 맞서면서 그리고 서유럽 자유주의의 통일 모델에 가까이 기대면서 자유주의적 자기결정과 민족적 통일 사이의 분리할 수 없는 밀착관계를 다시 한번 힘주어 강조했다. 프랑스의 사례가 가르쳐주듯 그 본질상 함께 서로 속해 있는 개념들인 '통일'과 '자유'는, 1843년 아르놀트 루게Arnold Ruge*가 지적했던 것처럼, 독일에서 "실현되기 어려운, 희망사항에 머물고 말 단계"로 넘어갔고, 동시에 바로 이러한 단계의 맥락에서 나온 결과로 그 개념들 자신의 역동성을 빼앗겼다. 동시에 여기서 "독일의 지속적인 분열"을 "법제화"시켜왔던 독일 연방의 법들을 통해서 "외국 개념"인 '통일'은 말하자면 전도된 의미를 갖게 되었다.[100] 무언중의 결과로서 역사적으로 성장한 독일의 정치적 구조가 아니라, 오직 독일 주민들의 자유주의적 자기결정만이 미래의 독일 민족국가의 형식과 헌법을 결정할 수 있다는 것이다. 이것은 이미 3월혁명 이전에 민주주의자들 중 극단적인 좌파 사람들이 확신을 가졌던 생각인데, 즉 "단 하나의 분할될 수 없는 공화국"이 독일을 위해서도 시민들의 자유주의적 자기결정의 권한이 적절히 실현될 수 있는 유일한 형식이라는 것이다.

민주주의자들 중 좌파 계열이 독일의 전승된 국법적 구조를 지향하는 자유주의자들의 통일 모델에 맞서 "단 하나의 분할될 수 없는 공화국"이라는 프랑스식 통일 구상을 내세웠다면, 로텍/벨커 사전에서의 "통일" 항목의 필자는 통일 개념을 독일적 상황의 직접적인 연관으로부터 도출해내고자 했다. 그는 이로써 지금껏 단지 주변부에서만 다루어졌던, 독일의 전통적인 정치적 통일 관념들에서 결코 적지 않은 역동적 요소를 드러내 보였다. 그는 "국가

---

* [옮긴이] 19세기(1802~1880) 독일의 철학자이자 정치 저술가로, 종교적·정치적 자유주의의 지도자였다.

권력과 국가기관들의 정치적 통일" 사상에 맞서 지금껏 거의 언제나 제국의 차원에서 또는 독일연방의 차원에서 연관시켜 논의되어왔고 이를 통해 결국 날카로움이 제거되어왔던 헤르더의 민족통일 이념을 내세웠고, 이 둘, 즉 정치적 통일사상과 헤르더의 민족통일 이념 사이에서 등장할 수 있었던 갈등요소들을 부각시켰다. 로텍/벨커 사전에서의 "통일" 항목은 다음과 같이 주장한다. "통일의 이념은 두 가지 관점이 주목"된다. "즉 하나는 국가권력과 국가기관들의 정치적 통일이고, 다른 하나는 동일한 혈통과 언어에 의해 조건지어진 민족성의 자연스러운 통일이다. …… 그 같은 정치적 결합에 충분히 오랜 시간이 소요된다면, 결국 다양한 종류의 구성요소들의 융합은 성공을 거둘 것이고, 더불어 더 약해진 민족성은 지배적인 민족성 아래서 소멸할 것이다. 그러나 만일 그러한 융합이 완벽하지 않다면, 심지어 정치적 통일도 흔들리고 불확실해진다."[101] "국가권력의 정치적 통일"에 맞서 건너편에는 "동일한 혈통과 언어에 의해 조건지어진 민족성의 자연스러운 통일"이 서 있었다. 이 둘은—프랑스의 사례가 보여주듯—서로 상보적일지 모르지만, 서로 일치하지 않을 수도 있다. 적어도 "정치적 통일"이 "자연적 통일"을 넘어서거나 아니면 정치적 통일이 자연적 통일의 뒤로 물러서 있다면 모르겠지만 말이다. 그래서 여기서는 프랑크푸르트 국민의회가 하나의 통일적인 독일 민족국가를 창건하려고 시도하는 과정에서 불거져 나왔던 문제들이 이미 앞서서 드러나고 있었다.

11. 1848년의 통일 개념의 현장화

1848년의 혁명은 독일 민족운동에서 통일에 대한 기대를 정점으로 이끌었다. 독일연방은 곧바로 통일의 부정으로 보였다. 요한 구스타프 드로이젠Johann Gustav Droysen이 말했던 것처럼, 독일연방은 다름 아닌 "독일 민족이 오래된 옛날 법 외에 유혈투쟁을 통해 획득한 자유의 새로운 법을 갖는 토대로서 독일 민족의 국법적 통일의 조직화된 결핍일 뿐이고, 다름 아닌 진정한 민족적 통합을 위한 모든 요구와 모든 발걸음을 억누르는, 언제나 생생한 걱정거리일 뿐이며, 다름 아닌 거대한 이웃 열강들의 잘 이해된 이해관계가 …… 요구하는 것으로서 독일의 무력감을 위한 보증일 뿐"이다.[102] 성 바울 교회에 모인 프랑크푸르트 국민의회 의원들의 대다수 또한 혁명 발발 당시 독일의 정치적이고 정신적인 전통에 딸려 있던 통일 개념을 확고하게 갖고 있었다. 헌법제정위원회가 1848년 10월 19일 회의를 하기 위해 의회에 제출한 "헌법 초안"에는 이 모임에서 안건이 되었던 그 "동기들"이 개념사적으로 두드러지게 나타났다. 이 초안 작성자들은 "한편으로 통일 정부와 다른 한편으로 지금까지의 국가 연방의 형식 사이의 중간 지점에 서 있던" 하나의 "새로운 연방 형식"을 이루기 위해 노력했다. 오직 "연방국가Bundesstaat 형식"만이 "독일의 현존하는 상태와 이해관계"에 합당한 국가를 이룰 수 있다는 것이다.[103] 이러한 "연방국가"는 "공통의 민족적 요소와 개별적 독특성의 요소라는 두 요소의 멋진 합일"에 근거한다. "모든 개별 요소는 현명한 분할 안에서 그 자신 안에 불가피하게 속해 있는 것을 포함한다."[104] 그래서 연방국가의 국법적 형식은 "통일에 어떠한 불리함도 주지 않고 통일을 다양성과 분절화와 결합시키는 위대한 과제"를 풀어낼 것이다.[105]

1848년의 자유주의자들의 민족통일 사상은 따라서 독일의 국법적 전통을 혁명적으로 해체시키는 일을 반대하지 않았고 오히려 의식적으로 그 작업을 수행해냈다. 이 통일 사상은 독일의 상태에 특징적인 개별적 구조에서 자신의 한계를 발견했다. 즉 이 통일 사상은 이러한 국가적 다양성을 제거하려고 시도한 것이 아니라 오히려 미국의 헌법 모델에 자극받아 하나의 연방국가 안에 그 국가적 다양성을 유지하려고 노력했다. '통일'은 자유주의적 혁명의 대변자들에게도 역시 우선적으로 "연방국가적 통일"이었다. 자유주의자들 대다수가 그러함에도 불구하고 일부 민주주의자들은 프랑스의 통일 모델을 고수했고, 프랑크푸르트 국민의회의 중도파 의원들의 생각을 부패한 타협이라고 비난했다. 드로이젠에 따르면, 이들 중도파 사람들은 독일의 개별 국가들이 "단 하나의 중앙 집권적인 군주정 또는 단 하나의 분할될 수 없는 공화국 밑으로 들어가도록" 만드는 것을 원하지 "않았다"는 것이다. 오히려 "독일의 통일은 …… 우리 영토가 만들어온 모습의 다양성을 우산처럼 덮어주고 그럼으로써 더 건전하고 더 강력하며 더 활력적이어야 한다"는 것이다.[106]

그러나 과거 질서의 대변자들에게 국민의회의 헌법 초안에서 제시한 통일은 혐오스러운 것이었다. 자유주의적 합일 가능성, 즉 자유와 통일의 불가분의 관계를 반대하던 그들에게 개별 국가 단위를 넘어서는 통일을 통한 자유는 위협적으로 비쳤다. 이처럼 자유를 위협 개념으로 인식하는 경향에 가장 전형적인 모습이 바로 1848년 바이에른의 다음과 같은 추도문에 등장한다. "진정 고귀한 의미에서 자신들의 자유가, 자신들의 교양이, 자신들의 복지가 전혀 타락하지 않은 하나의 거대한 민족이 완전히 중앙집권화되는 것은 위험하다." 페르시아, 로마, 비잔틴, 중국의 역사적 사례들 외에 프랑스가 공포의 모델로 소환되었다. 프랑스는 "비도덕적인 군중이 극소수 열광자들의 지도하에 국가를 하나의 혁명에서 또 다른 혁명으로 무너뜨린 파리의 폭정에 시달리고 있다."[107] 독일 민족에게 그러한 중앙집권화된 통일은 완전히 모순된 것이다. 그래서 여기서는 그밖에 모든 것을 평등하게 만들어버리는, 민주주의적으로 파악된 통일에 대항해서 자신들의 "연방국가"를 옹호했던 자유주의자들이 종종 그랬던 것처럼, 소설들과 반대되는 독일의 민족특성과 "게르만적 삶"의 고유성이 소환되었고, 그로부터 통일에 대한 거부 또는 하나의 전형적인 독일적 통일이 도출되었다.

로텍/벨커의 "국가사전"에서는 "국가권력의 정치적 통일"과 "동일한 혈통과 언어를 조건으로 형성된 민족성에 근거한 자연적 통일"이 구별된다. 이러한 구별은 1848년 다민족 국가인 오스트리아와 관련해서 실제로 커다란 의미를 획득했다. "오스트리아 문제"에서는 비독일인들과의 *끈끈한* 국가적 결합을 위하여 자연적인 민족적 통일의 이념이 굳이 파괴될 필요 없이 오스트리아의 특수한 상황들을 충분히 고려한 하나의 통일 개념을 발견하는 것이 중요했다. 대독일인들*에게 그것은 루트비히 울란트Ludwig Uhland가 주장했듯이 "독일의 국가들 중에서 3분의 1이 통합된 국가의 바깥에 존재하도록 놓아두는 일종의 미완의 통일"이었다. "오스트리아를 다른 나머지 독일 지역과 통합시키는 것이 어렵다는 것을 우리는 모두 잘 안다."[108] 그러나 그렇다고 소독일인들**이 정치적 통일과 자연적 통일이 서로 겹쳐지는 결과가 오는 것을 바랐던 것은 아니다. 그들은 독일과 오스트리아 사이에 경계선을 그은 상태에서 하나의 완결된 민족국가를 만들고자 노력했다. 국민의회의 의장이었던 하인리히 폰 가게른Heinrich von Gagern은 좁으면서도 넓은 하나의 연방이라는 자신의 사상을 통해 서로를 배척하는이 두 개의 통일 구상들을 서로 연결하고자 했다. "오스트리아는 …… 자신의 독일 지역과 비독일 지역 사이의 국가통일을 폐기해서는 안 된다. 우리는 오스트리아에 이러한 국가적 통일을 통해

---

* [옮긴이] 1848년 3월혁명의 결과 5월에 열린 프랑크푸르트 국민의회에서 나온 여러 독일 통일 방안 중 오스트리아의 합스부르크 제국을 중심으로 옛 신성로마제국의 영토까지 포함한, 독일어를 사용하는 모든 지역을 통합하자는 방안인 이른바 '대독일주의Großdeutsche Lösung'를 주장하거나 옹호하는 사람들을 말한다.

** [옮긴이] 1848년 3월혁명의 결과 5월에 열린 프랑크푸르트 국민의회에서 나온 여러 독일 통일 방안 중 다민족 국가인 오스트리아를 제외하고 프로이센 군주국을 중심으로 나머지 독일 지역을 통합하자는 방안인 이른바 '소독일주의Kleindeutsche Lösung'를 주장하거나 옹호하는 사람들을 말한다.

자신들에게 제공된 혜택들이 유지되도록 하는, 헌법상 권리가 보장된, 수도인 비인 이외의 지방들에 대해 범죄를 저지르라는 부당한 요구를 해서는 안 된다."[109] 따라서 다음과 같은 질문이 제기된다. "전체 독일이 다만 하나의 느슨한 통일로 나아가는 식으로 자신을 만들어가는 것이, 그리고 오스트리아가 자신의 독일적 지방들과 비독일적 지방들의 국가적 통일의 분열로 내몰리지 않고 그밖의 독일 국가들과 동일한 상황 아래 제국에 속하도록 하는 것이 독일인들에게 더 많은 관심을 불러일으킬까? 아니면 적어도 나머지 독일이 견고하게 서로 연합하는 것이 오스트리아뿐만 아니라 그 나머지 독일 지역의 민족 전체에 관심을 끌 수 없을까? 비록 오스트리아가 동일한 조건 아래에 있는 그 자신의 비독일 지방들 때문에 가장 협소한 이 연방 안에 들어갈 수는 없다 하더라도, 또 그런데도 오스트리아와 그 밖의 독일 지역 사이의 밀접한 연방관계가 계속 유지된다고 하더라도 말이다."[110] 가게른은 한편으로—"느슨한 통일laxe Einheit"을 위한—'국가연방Staatenbund'이라는 개념과 다른 한편으로—오스트리아를 제외한 독일의 견고한 결합을 위한—'연방국가Bundesstaat'라는 개념이 너무 "불확실하다"고 믿었다. "이 두 개념 사이의 중간에 놓이면서 과도기를 형성하는 연방관계Bundesverhältnisse라는 것도 생각해볼 수 있다."[111] "이 중의 연방관계는 가장 일찍이 통일을 창조해내려는 노력에 상응한다. 적어도 통일이 주어진 상황들에 유용한 한에서 말이다. 왜냐하면 안 그러면 우리의 사명은 더 이상 나아갈 수가 없기 때문이다."[112] 이러한 문장들 배후에는 한편으로 인종적–문화적인 민족 개념을 통해, 다른 한편으로 "단 하나의 분할될 수 없는 공화국"을 통해 전달되었듯이, 이데올로기적인 것이 아닌, 실용적인 통일 관념이 놓여 있다.

1848년의 대다수 자유주의자들의 정치적 통일 개념에 대해 일반적으로 언급되는 것은, 이 개념이 완전히 역사적으로 주어진 상황에 연관되어 있다는 것이다. 이 점은 '연방Bund'과 '통일' 개념이 이제 다시 밀접하게 연결되었다는 사실을 통해 분명하게 입증된다. 사람들은, 가게른이 한때 강조했던 것처럼, "연방국가 안에서 통일이 뿌리내리기"를 원했다.[113] 즉 이러한 연방국가 안에서 "이해관계들의 통일이 이루어져야 한다"는 것이다. "바로 그 통일을 위해 헌법 안에서의 통일 공식은 그에 상응하는 표현이 될 수 있는데, 그것은 목적을 달성하기 위한 수단이지, 목적 그 자체는 아니다. …… 우리가 바로 그러한 통일을 만들어내는 과제를 부여받았기 때문에 우리는 너무 편협한 형식을 선택하지 않도록, 민족적 이해관계들을 그 자신의 본질을 거역해가면서 좁은 틀 안에 가두지 않도록 조심해야 한다"고 하인리히 폰 가게른은 경고한다.[114]

12. 사회적 통일의 문제와 그것의 개념적 반영:
로렌츠 폰 슈타인Lorenz von Stein, 카를 마르크스Karl Marx

1848년 혁명의 실패는 민족통일의 희망만 없앴던 것이 아니라, 1848년 이전에 그렇게 짜임새 있게 영향력을 발휘하던 독일의 민족운동이 사실은 대독일주의와 소독일주의의 대립을 넘어 얼마나 많이 분열되어 있었는지 절실히 깨닫도록 만들어주기도 했다. 혁명의 과정에서 자유주의 세력과 민족적-민주주의 세력 사이의 간극을 점점 더 크게 만들어주는 사회적 이해관계의 대립들이 점점 더 선명하게 부각되었다. 1848년 정치적이고 사회적인 요구들이 처음에는 서로 교차되어 있었지만 그것은 곧 혁명 운동의 연이은 약화를 가져왔다. 로렌츠 폰 슈타인은 이러한 과정에서 심지어 혁명 실패의 본질적 원인을 파악할 수 있다고 믿었다. 그는 1854년 익명으로 발표한 한 논문에서 "사회적 전복에 대한 나름대로 근거 있는 공포가 독일 통일에 대한 희망을 무너뜨렸다"고 썼다.[115] 어쨌든 1848년에 3월혁명 이전의 운동을 대표하는 대다수 사람들이 몰두했던 시민사회의 자연적 통일에 대한 믿음은 결정적인 충격을 받았다. 이제 사람들은 일반적으로 통일이 단지 정치적이고 민족적인 문제만이 아니라 사회적 문제이기도 하다는 점을, 즉 초기 산업시대의 경제적이고 사회적인 대립에 직면하여 점점 더 커다란 무게를 지닌 문제임을 의식하게 되었다. 이러한 대립은 특정 이해관계를 대변하는, 서로 두드러지게 대립하는 사회적 집단들이 형성될 때, 즉 이 집단들이 이끌어가던 연합들, 연맹들, 협회들이 형성될 때 구체적으로 표현되었다. 그래서 당시 현존하는 또는 계획된 정치적이고 민족적인 단위들Einheiten과의 결합 경향들과 경쟁을 벌였고, 마지막 결과에서는 각 집단의 국제적 연대를 위해서 이 단위들을 해체시키고자 노력했던, 특정 집단들에 특화된 통일 의식Einheitsbewußtsein이 전개되었다. 독일어권 지역에서는 이 과정이 두 개의 서로 매우 다른 입장들로부터 불거져 나와 무엇보다도 로렌츠 폰 슈타인과 카를 마르크스를 통해 분석되었고 개념적으로 확립되었다.

이미 1842년에 로렌츠 폰 슈타인은 다음과 같이 썼다. "우리는 오늘날 이 계층"(프롤레타리아)"이 구세계의 그리고 심지어 최근 역사에서의 무산자들 계층과 다름을 알게 된다. 이 계층은 자신을 하나로 느끼고 그들 자신의 의지를 갖기 시작했으며 공동체적 행위를 지향해서 생각하는 그러한 독립적인 전체로 자신들을 승화시켰다."[116] 이러한 발전은 "사회주의와 공산주의"의 이념을 통해 야기되었다. 이들 사상은 프롤레타리아를 "사회 안에서 하나의 고유한 요소"로 만들어버렸다. "수많은 사람이 그들의 요구에 기꺼이 봉사할 기본원칙들 주변으로 모여들었고, 가난하고 힘들게 일하며 고통을 당하는 계층으로부터 하나의 강력하고 모든 것을 거부하며 위협하는 단위Einheit, 즉 프롤레타리아가 생겨났다."[117] 따라서 로렌츠 폰 슈타인이 보기에 노동계급의 의식의 통일은 하나의 정신적인 요소를 통해, 즉 그들 자신의 성찰 대상을 스스로 함께 창조해내는 이론을 통해 만들어졌다.

슈타인은 자신의 에세이 《프랑스 사회운동사*Geschichte der sozialen Bewegung in Frankreich*》에서 의식과 의지에 기반을 둔 프롤레타리아의 이러한 계급 통일의 개념을 설명했고, 이 개념을 자신의 사회학적 체계 안에 끼워 넣었다. 그러나 여기서 눈에 띄는 점은, 그가 '통일'이라는 단어를 거의 사용하지 않는다는 점이다. 비록 그가 (가령 "각 개인의 삶은 의지를 통해서 그 자체로 하나의 통일이 된다"는 문장에서처럼)[118] 개별 개인들의 의식뿐만 아니라 집합 단체들의 의식을 위해서도 통일이라는 단어를 잘 알고 있었고, 집단 의지를 갖는 사회적 계급운동에 관한 자신의 이론을 순수하게 주의주의적 근거voluntaristische Begründung를 넘어서 근본적으로 결정주의적 상황 의식의 인식 위에 세웠는지만 말이다. 카를 마르크스도 역시 자신의 초기 저작과 주요 저작에서 '노동계급의 통일'이라든지 '프롤레타리아의 통일' 같은 단어를 통상적으로 사용하지 않는다. 그렇지만 그에게 그러한 '통일'은 자신의 역사적 이론 내부에서 하나의 목적 개념이었던 것은 분명하다. 그는 프롤레타리아라는 개념을 자기 시대의 사회적 발전에 대한 분석으로부터 발전시켰다. 여기서 그가 전체적으로 주목했던 것은 "산업의 발전"이었다. 이 산업의 발전이 프롤레타리아를 증가시켰을 뿐만 아니라 그들 안에서 그들 자신의 힘에 대한 의식도 일깨워주었다는 것이다. "프롤레타리아 내부의 이해관계와 삶의 상황은 기계설비들이 점점 더 노동의 차이를 제거하고 임금이 거의 대부분 동일하게 낮은 수준으로 하향 평준화되면서 점점 더 하나로 일치되어간다.”[119] 이러한 프롤레타리아 내부의, 말하자면 객관적인 통일화 경향에, 부르주아지에 대항한 투쟁으로부터 성장한 또 다른 통일화 경향이 상응한다는 것이다. “노동자들은 부르주아지에 대항해 동맹들Koalitionen을 형성하기 시작한다. …… 그들은 때때로 발생하는 폭동에 대비해 스스로 식량을 준비하기 위해 지속적인 연합 조직들Assoziationen을 만든다.” 이러한 투쟁의 “본질적 결과”는 “직접적인 승리가 아니라 점점 더 확산되어가는 노동자들의 합일 Vereinigung”이다.[120] 이 통합은 지금까지의 시민적 사회질서의 전복을 야기할, 마르크스가 기대한 사회혁명의 전제조건이었다. 여기서 마르크스가 ‘프롤레타리아의 통일Einheit des Proletariats’* 개념을 사용하지 않고 있다는 점, 그가 대신 ‘합일Vereinigung’이라는 개념을 사용하고 있다는 점은 산업혁명이 시작되는 시점의 실제 상황이 직접 반영된 것이다. 마르크스가 프롤레타리아라는 개념 아래 한꺼번에 묶어서 파악했던, 그러한 인구집단들은 자신들을 사회적 단위로 느꼈던, 어느 정도 통일적인 “계급”을 아직까지 형성하지 못했는데, 하물며 통일적인 의지를 발전시켰을 리 만무하다. 물론 마르크스는 동시에 “계급을 위한, 그와 더불어 정치적인 정당을 위한 노동자들의 조직”이 이미 실현될 수 있을 만큼 근접 거리에 도달해 있다고 확신했다.[121] 이 연관에서 마르크스는 다음

---

* [옮긴이] 여기서 ‘Einheit’는 문맥에 따라 ‘단합’, ‘단결’ 등으로 번역하거나 이해해도 될 듯 하다.

과 같이 쓰고 있다. "부르주아지를 자기 의지가 없고, 저항도 없는 담당자로 만든 산업의 진보는 경쟁을 통한 노동자들의 고립의 자리에 연합을 통한 혁명적 합일을 집어넣었다."[122]

이러한 "노동자들의 합일"은 그들을 "계급"으로 보이도록 만들었다. 마르크스의 계급 개념은 프롤레타리아의 통일을 암시했고, 프롤레타리아의 "정당"으로의 법제화를 표현했다. 프롤레타리아가 하나의 사회적 단위로 연합된다는 것은 마르크스에게 역사의 필연적인 과정이었고, 그렇지만 동시에 거대한 체제전복적 변혁의 과정에서 하나의 단계이기도 했다. 그러한 연합은 인간의 정체성이 재정립되고 "인간"과 "시민"으로 분열되는 현상이 지양되는 하나의 사회 형태로, 즉 계급 없는 사회로 나아가는 도상에서 최초의 발걸음을 뜻했다. 과거의 시민사회를 대체하는 이러한 새로운 사회는 계급 대립으로 분열되지 않고 오히려 개별적 인간이 "자유롭게" 중심을 향해 "발전해가는" 하나의 "연합"을 의미하는 사회, 하나의 통일적으로 파악된 사회가 되어야 한다.[123]

이것은 '통일'이라는 개념이 어떻게 사회사적 발전의 특정 단계에서 사회적 삶에 가까이 다가갈 수 있었는지를 잘 보여준다. 재산의 소유 상황으로부터 불거져 나오는 사회적 삶의 적대관계가 마르크스로 하여금 프롤레타리아의 통일을, 그들이 계급으로 연합할 것을 예견하도록 만들어주었다. 이처럼 자신을 만들어가는 사회적 통일은 마르크스주의의 전체 이념적 체제가 발 딛고 서 있는 역사적인 토대다. 여기서 이 이념적 체제는 마르크스주의에 고유한 이론적 일관성으로써 그 자신이 실현될 가능성의 조건을 다시 없애고자 했다. 즉 하나의 특정한 사회계급의 개별적 통일은 하나의 고차원적인 전체 사회적 통일로의 변증법적 전환을 통해 자신을 해체해야 한다는 것이다. 마르크스와 슈타인이 행한 프롤레타리아에 대한 서로 다른 가치평가를 넘어서 실제로 이들 두 사람의 서로를 닮아가는 개념적 표현들—'노동자들의 합일'과 '프롤레타리아의 통일'—은 3월혁명 이전 시기에 전체 사회에 대해 문제를 제기하는 하나의 사회계층이 이 전체 사회로부터 해방되기 시작했다는 점을 입증한다. 노동계층의 연합은 다른 사회계층들도, 특히 귀족과 시민계급도 노동계급에 대항한 전선을 형성하기 위해 가까이 결합하도록 만드는 데까지 영향을 미쳤다. 그래서 산업 프롤레타리아의 "합일"은 사회적 단위들이 많건 적건 뚜렷이 자신들을 정교하게 만들어가는 데 자극을 주었다. 1851년 빌헬름 하인리히 릴Wilhelm Heinrich Riehl은 "급진주의자들과 보수주의자들의 옛 대립은 날이 갈수록 점점 더 희미해져가고, 반대로 프롤레타리아, 시민들, 융커*들의 대립은 점점 더 선명한 색을 얻어가고 있다"는 점을 기록해야 한다고 믿었다.[124] 그러나 이 모든 사회적 대조와 조직에도 불구하고, '통일'이라는 단어와 또 그 개념은 완전한 의미에서 우선적으로 그리고 압도적으로 여전히 민족에 그리고 민족적 목적에 사용되었다.

* [옮긴이] 토지귀족을 말한다.

13. 독일의 민족국가적 통합 시기의 '통일' 개념

1866년에 헤르만 바움가르텐Hermann Baumgarten은 자유주의자들이 두 세대 전부터 헛되이 쫓았고 그 둘 중 하나를 이제 거의 잡은 것처럼 보였던 두 개의 목표들을 또다시 기술했다. "아주 밀접하게 서로 맞물려 있는 두 개의 과제들이 1815년 이래 우리에게 부과되었다. 즉 우리는 우리 민족을 분열시킨 분파주의와 이것과 연결된 절대주의*를 돌파해야 했다. 우리는 국가 안에서의 자연스러운 활동을 되찾아야 했고, 이러한 민족의 의미에 상응하는 국가를 건설해야 했다."[125] 1848년 혁명의 좌절은 그사이에 대부분의 자유주의자들에게 통일과 자유가 동시에 달성될 수 없을지 모른다는 확신이, 그래서 오히려 주어진 정치적 현실과 그 현실에 걸맞은 가능성을 지향하는 쪽으로 생각을 밀고 나가야 한다는 확신이 커지도록 만들었다. 왜냐하면 오직 그랬을 때 사람들은 자유 안에서 통일이라는 마지막 목적을 달성할 수 있기 때문이다. 요하네스 폰 미켈Johannes von Miquel**은 자유주의자들의 사상 안에서의 이러한 발전을, "독일의 통일은 꿈의 세계에서 나와 평범한 현실의 세계로 내려왔다"라고 논평했다.[126] "통일을 통해 자유로Durch Einheit zur Freiheit"라는—1866년 12월 라인 헤센 지역의 유권자들에게

---

* [옮긴이] 절대왕정을 말한다.
** [옮긴이] 19세기(1828~1901) 프로이센의 국무 및 재무장관을 역임했던 정치개혁가다.

행한 연설에서 표현된—루트비히 밤베르거Ludwig Bamberger[*]의
구호[127]는 자유주의 안에서의 이른바 현실정치적 경향들의 결정적
승리를 반영한다. 통일은 권력의 투입 없이는 달성될 수 없기 때
문에, 권력을 꺼리던 예전 자유주의자들의 태도는 포기되었다.
'통일'과 '권력' 이 두 개념은 서로 다가갔다. 1866년 카를 트베스
텐Karl Twesten[**]은 프로이센 의회에서 다음과 같이 천명했다. "만
일 누군가 지금 권력의 문제를 전면에 내세우고 자유의 문제들이
이 문제들에 지속적으로 편견을 불러일으킬 수 있는 그 어떠한 일
도 발생하지 않을 때까지 기다릴 수 있다고 생각한다면, 우리는
그러한 생각과 행동을 하는 그 누구도 비난해서는 안 된다. 우리
는 자유주의적 발전을 결코 포기해서는 안 되지만, 그렇다고 우리
조국의 권력의 발전, 즉 독일의 발전도 결코 포기해서는 안 된다.
이것이야말로 우리가 자유의 발전을 위해 만들어낼 수 있는 진정
한, 최고의 토대이기 때문이다. 그리고 우리는 지금 바로 이 작업
에 협력해나갈 수 있다."[128]

　정치적 발전의 과정은 그래서 자유주의의 관념세계에서 원래는
하나로 연결되어 있던 '통일'과 '자유'라는 두 개념을 쪼개버렸
고, 자유를 통일 뒤로 물러나도록 했거나 아니면 자유가 통일로부
터 나오도록 만들었다. 1848년이라는 해가 논의를 진행해나가는
와중에 관점들이 단 한 번도 결정적인 합일에 이를 수 없었다는

---

　* [옮긴이] 19세기(1823~1899) 독일의 은행가이자 정치가다.
** [옮긴이] 19세기(1820~1870) 독일의 정치가이자 법률가다.

인식을 가져다주었다면, 독일의 통일을 전승된 권력 수단으로써 실현하고자 했던 프로이센의 시도는 "······ 자유를 통해 통일로 durch Freiheit zur Einheit라는 명쾌한 ······ 구호가 눈에 뻔히 보이는 두 조직의 결합handgreifliche Chimäre"으로 비치도록 만들었다(바움가르텐).[129] "말하자면 통일에서 자유로, 이것이 바로 그 길이고, 이것이 바로 우리 정당의 수단이다"라고 프로이센 진보당의 우파를 대변하는 주류 언론《국민신문Nationalzeitung》은 쓰고 있다. "프로이센이 먼저 자유롭게 되어야 한다는 착상은 우매한 것이고, 하여튼 우리 정당의 강령을 부정하는 것이다. 작은 국가들로 분열된 상태에서 수도 없이 반복되어 세워질 자유보다는 우리 민족이 통합된 힘으로써 그 자신의 공동의 자유를 더 쉽게 세울 수 있다는 ─거의 반박할 수 없는─문장이 바로 이러한 우리 정당의 강령 안에 적혀 있다. 바로 이 문장은 너무도 자명하다."[130] 물론 자유주의 진영에서 이 문장에 대한 논란이 전혀 없었던 것은 아니다. 프로이센 진보당의 좌파를 대표하는《민족신문Volkszeitung》은 그에 맞서 다음과 같이 천명했다. "피와 철을 가지고 하는 통일은, 설령 이것이 가능하다 할지라도, 자유의 마지막 흔적을 완전히 없애버릴 것이다. ······ 자유가 없는 통일은, 자유가 숨을 내쉴 수만 있다면 통일을 그 즉시 제거해야 할 만큼 아주 결정적인 자유의 적이다."[131]

그와 더불어 전선이 명확히 그어졌다. 민족통일은 어떤 사람들에게는 모든 상황에서 정치적 진보를, 자유주의적 헌법 형식을 향한 발전을 포함하는 원리를 의미했다. 그러나 다른 사람들에게는 자유가 없는 통일은 수용될 수 없는 것이었다. 이들은 완전히 초기 자유주의의 정신적 전통에 입각한 관점에서 이른바 현실정치적 입장을 비판했다. 그래서 '통일'이라는 개념은, 이해관계에 따른 정치와 그 자신의 권력 증대가 우선시되지 않는다면 독일 통일의 문제를 결코 해결할 수 없다고 믿었던 입장과 대결하면서 만들어진 정치적 경향들을 나타낼 수 있었다.

비스마르크의 제국 건설과 더불어 정치적 통일 개념의 역사는 어떤 의미에서 그 자신의 종착점에 도달했고, 그 자신의 현재적 특징 속에서 공공의 의식öffentliches Bewußtsein을 규정했다. 1871년의 제국은 이 개념이 전개되는 데서 읽어낼 수 있었던, 독일 통일의 형식에 대한 본질적인 사상 내용을 실현했다. 이 제국은 민족통일을 하나의 연방국가적 통일로, 즉 독일의 분열적 구조를 유지한 통일로 토대를 다졌다. 이미 프랑크푸르트 국민의회의 수많은 의원들에게 정치적 통일 개념이 전면에 서 있었던 것처럼, 그 개념은 이제 이 새로운 제국의 창조에도 그 근간에 놓여 있었다. 이로써 "국가민족Staatsnation"의 원리는 "문화민족Kulturnation"의 원리에 대해, "정치적" 통일 개념은 "자연적" 통일 개념에 대해 각각 승리를 거두었다. 1871년의 결정에 대한 사상적 예견을 전형적으로 보여주는 증거가 바로 블룬칠리/브라터의《독일 국가사전》(1862)에 나오는 다음과 같은 문구다. "하나의 민족국가 설립은 결코 모든 민족 구성요소들이 하나의 국가 전체로 통합되는 것을 요구하는 것이 아니라, 단지 민족의 요소들이 강력하게 협력하는 것, 그래서 민족에 고유한 국가 형성이 확실하고 풍족한 외관을 갖추게 되기를 요구한다."[132] 가장 강력한, 민족을 대표하는 요소들의 "합일"로서의 민족국가—이것이 바로 1871년 역사적 현실로 전환된 정치적 이상理想(Leitbild)이었다.

만일 소독일적 민족국가의 설립과 더불어 국가민족적–연방국가적 통일 개념이 정치적 의식에서 지배적인 것으로 되었다면, 통일 문제에 대한 비스마르크의 해결에 반대 입장들이 돋보이게 드러나는 오랜 전통의 정치적 통일 관념들 또한 한편으로 여전히 살아남아 있었다. 그 관념들 역시 1860년대에 그 자신의 최종적 입지를 찾았고, 이 형태 속에서 향후 현존하는 정치질서의 반대자들에게 이상을 제시해주었다. 두 가지 구상이 그들 안에서 표현되었는데, 즉 하나는 범게르만주의적 요소들이 동시에 뒤섞여 들어와 있던, 그리고 계속 이어지는 과정에서 더욱더 강력히 두드러지게 드러났던 대독일적–중부유럽적 통일 구상이었고, 다른 하나는 서유럽적 모델을 지향했던 민주주의적 통일 구상이었다.

전자, 즉 대독일적–중부유럽적 통일 구상은 독일연방의 정치적 질서와 그리고 프랑크푸르트 국민의회의 대독일주의 관념과 연결되어 있었다. 그 대변자들은 무엇보다도 한편으로 프로테스탄트적–자유주의적인 소독일적 민족국가에서 직접적인 위협을 느꼈던, 그리고 다른 한편으로 고래의 보편적인 제국사상 안에서 여전히 강력히 살아남아 있던, 1850년대와 1860년대에 형성되기 시작한 가톨릭 운동에서 찾아볼 수 있다. 그래서 에드문트 외르크 Edmund Jörg[*]는 1863년 다음과 같이 썼다. 오직 하나의 "대독일적 제국" 안에서만 "진정한 권위"가 생길 것이다. 즉 "그 스스로 본래 가지고 있어야 할 논리적 상호작용 속에서 확장된 자율성과 결합된" 그러한 권위가 말이다. 이것이야말로 "통일의 법칙 안에서의 진정한 자유"다.[133] 외르크의 눈앞에 중앙집권주의라는 끔찍한 유령이 서 있었던 것이다. 그는 오직 독일의 연방적 체제에서만 자유가 보증될 것이라고 믿었다—무엇보다 종교적 신념의 자유도 포함해서 말이다. 오스트리아가 주도하는 하나의 "대독일적 제국"의 이념은 하나의 "정치적 연방주의"를 찬성하는 그의 입장에 부응했다. 왜냐하면 이 대독일 제국은 "독일의 오스트리아로의 합병이 아니라 오히려 독일적-오스트리아의 독일로의 합병을 기초로 할 것"이기 때문이다. "독일의 제국의회는 이제부터 각 지방의 의회처럼 필요 이상으로 더 엄격하게 통일을 유지할 것이고 중앙집권화하려는 노력을 발전시켜갈 것이다. 그러나 대독일 황제는 소독일 황제와는 다르게 이러한 중앙집권화 경향을 환영하지는 않을 것이고, 오히려 그는 그러한 경향의 과도함에 맞서 다음과 같은 세 개의 균형자 역할을 수행해나갈 것이다. 첫째는 독일의 제후들과 그들의 권리의 최고이자 자연적 대표자로서이고, 둘째는 자신의 상속영지의 제후이자 그 자율권에 대한 제1의 이해

---

* [옮긴이] 19세기(1819~1901) 독일의 가톨릭 역사가, 정치가, 저널리스트다.

당사자로서이며, 셋째는 그 자신의 독립적인 비독일 이웃 나라들의 군주로서다."[134] 외르크의 눈에 느슨한 대독일적 통일은 그밖에 무너져 내린 자유화의 그리고 민주화의 과정을 보장해주는 것으로 비쳤다.

대독일적–연방주의적 통일 구상은 수십 년 넘게 살아남았고, 1919년 베를린과 비인의 국민의회들에서 새롭게 천명되었다가, 결국 완전히 변질되어 연방주의의 과제 아래 정치적으로 악용되었다. 이때 정치사상가 콘스탄틴 프란츠Constantin Frantz*는 반복해서 상당한 영향력을 행사했는데, 그것도 민족국가의 절대성 요구의 거절과 팽창적 민족주의라는 두 개의 전적으로 상반된 경향들을 가지고서 말이다. 이것이 완전히 역사적인 역설은 아니었다. 오히려 이러한 이중성이 이미 그의 사상과 작품 안에 자리 잡고 있었다. 프란츠는 소독일적 민족국가의 건설이 가져올 유럽 질서의 위협을 힘주어 강조했고, 이 소독일적 민족국가에 맞서 독일연방의 체제를 매우 강력히 지향하는, 자신의 중부유럽적 연방주의의 이념을 내세웠다. 프란츠는 독일연방이 확실히 결함이 많은 기구였다고 썼다. "그것이 하나의 연방이었다는 점은 전적으로 당시 정치사회적 상황에 조응했던 것이고, 곧 독일 민족에 살아남아 있던 연방적 원리를 사실상 인정한 셈이었다."[135] 독일 민족의 독특한 생활양식으로서 연방—이것은 프란츠에게 통일국가의 불가능

* [옮긴이] 19세기(1817~1891) 독일의 철학자, 저널리스트, 수학자, 정치가다.

성이 저절로 드러나도록 만들어주는 하나의 공리였다. "영토 설정과 지리적 상태가 광범위한 독일의 통일국가 건설에 거역했던" 것과 꼭 마찬가지로, "독일 민족" 역시 그러한 통일국가를 위해 창조되었던 것은 아니다. "왜냐하면 독일 민족은 결코 그 스스로 하나의 통일적인 존재를 형성한 것이 아니고, 오히려 처음부터—셸링의 표현을 빌자면—스스로 "여러 민족 중의 한 민족ein Volk von Völkern"을 나타냈기 때문이다."[136] "독일 문제의 핵심"은 "하나의 연방적인 과제 안에" 놓여 있다. 오직 연방주의만이 "독특한 삶을 보유한 독일의 다양한 구성요소들이 …… 서로 활발하게 협력할 수 있도록 하는" 데 성공할 수 있다.[137] 그러나 프란츠는 배타적인 민족국가의 반대자들이 계속해서 근거로 들이대는 하나의 연방적 중부유럽 질서라는 사상 안에서 간과할 수 없을 만큼 분명하게 또 하나의 다른 사상, 즉 이러한 연방체제 안에서 "독일적인 것 Deutschtum"에 무조건 지도적인 역할을 맡기겠다는 사상을 끼워 넣었다. 그래서 프란츠는 훗날 범독일적이고 민족적인 이데올로기에 대한 증인으로 내세워질 수 있었다.

만일 프란츠가 그 자신의 의견에 따라 독일 민족의 역사적 생활질서에 거역한다는 이유로, 그리고 독일 민족을 혁명적 뿌리에서 유래한 통일국가에 희생시키고자 한다는 이유로, 소독일주의자들과 소독일적 민족국가의 정치적 구상에 맞서 싸웠다면, 여기서 프란츠가 예의주시하는 바로 이 통일 모델을 지향하는 사람들은 비스마르크와 자유주의자들이 비록 역사적으로 근거지어져 있지만 그렇다고 결코 정당화되었다고 할 수 없는 분파주의에 너무 지나치게 양보했다고 비난했다. 이를 잘 보여주는 하나의 실증적 사례가 바로 아르놀트 루게의 《통일에의 호소*Aufruf zur Einheit*》(1866)다.[138] 이 문서는 연방적 국가질서 사상 전반에 대한, 예리하게 작성된 일종의 투쟁 통고문이었다.[139] 콘스탄틴 프란츠와 아르놀트 루게 사이의 정신적 긴장 관계 속에서 비스마르크의 통일 작품과 그것과 더불어 지배적으로 되어가던 국가민족적 통일 개념의 아주 타협적인 성격이 또다시 눈에 띈다. 한쪽 측면이 소독일적 민족국가의 건설에서 독일 민족의 연방주의적 삶의 법칙에 대해 저지른 악행을 보았다면, 다른 쪽 측면은 이 국가를 "과대망상"의 피난처, 즉 "구시대에서 유래한 기이함"으로 평가할 수 있었다.[140] 루게는 3월혁명 이전 시기의 민주주의 운동의 전통 속에서 다음과 같이 경고했다. "무엇이 **통일**에 속하는지 숙고하라. 그리고 **자유**에 속하는 것이 바로 그 통일에 속하는 것임을 잊지 마라."[141] 이것은 바로 하나의 "의회"다. 오직 이 의회 안에서만 민족은 그 자신의 "실존"을 갖는다. 그 실존이란 다름 아닌 바로 민족의 "통일"이다. "민족의 실존은 **단 하나뿐인 의회**다."[142] 루게에 따르면, 비로소 하나의 민주적인 헌법질서가 민족에게 자유 안에서의 통일인 그 자신의 진정한 통일을 부여했다. 바로 이것의 맞은편에 "군주제적 개별 주권"이 서 있다. 이 주권은 자신의 소속 구성원들을 언제나 그 전체로부터 차단한다. 독일 민족의 실존을 위해서는 "존경받는 지배자들이 자신들이 쓰던 광대 모자들을 조국의 제단에 내려놓는 것"이 필요하다. "…… 제후들이여, 이 **통일**을 결코 작은 궁정들에서 떨어져 나온 먹거리와 자유도시들에서의 관청들을 덥석 물려고 덤벼드는 사냥개들, 즉 **합일**을 주장하는 궤변론자들이 부정하도록 내버려두지 마라."[143] 이로써 루게는 결정의 해인 1866년에 민주적인 통일 관념을 현실적으로 표현했다. 이것은 마치 또 다른 연관체계에서 마르크스와 엥겔스, 리프크네히트Liebknecht[*]와 라살레Lassalle[**]가 표방했던 관념, 그리고 요한 밥티스트 폰 슈바이처Johann Baptist von Schweitzer(1860)[***]가 "통일"을 "독일의 민족 이념"이자 "민주적인 정당"으로 "…… 독일 안에서 동시에 민족적인 것"으로 표현했을 만큼 극단으로 밀고 나아갔던 관념과 유사한 것이다.[144] 연방주의적-보수주의적 통일 개념과 중앙집권적-민주주의적 통일 개념은 따라서 독일 통일의 문제에 관한 논의에서 화해할 수 없을 정도로 적대적이었다. 1871년의 제국은 이 두 개념들에게 공격 목표를 제공해 주었다. 왜냐하면 이 제국의 헌법구조가 통일을 지향하는 요소들뿐만 아니라 연방적인 요소들도 포함하고 있었고, 또 그 안에는 보수주의적인 경향들과 자유주의적인 경향들이 한데 묶여 있었기 때문이다.

---

[*] [옮긴이] 19세기 말과 20세기 초(1871~1919)에 활동했던 독일의 공산주의 혁명가, 사상가다.
[**] [옮긴이] 19세기(1825~1864) 독일의 사회주의 정치가이자 혁명사상가다.
[***] [옮긴이] 19세기(1833~1875) 독일의 정치가이자 드라마 시인이다.

전망

CHAPTER III

Ausblick

III. 전망

● ● ●   독일에서 통일 개념이 현대적인 정치적이고 사
회적인 의식 내용들Bewußtseinsinhalte로 채워지는 과정은 근본적으
로 1870년을 전후해서 종결되었다. 결정적으로 새로운 요소들은
그 이후로 더 이상 첨가되지 못했다. 이 과정을 전체적으로 조망
한다면, 다음과 같이 설명할 수 있다. '통일' 개념은 처음에는 어
느 정도 정적인 성격을 띠었다. '통일'은 이미 주어진, 종종 의식
되지 못한 은폐된 통일을 나타냈다. 예술작품의 통일은 예술작품
을 결정하고 예술작품과 함께 제공된다. 예술작품을 포괄하는 더
상위의 통일, 즉 한 나라 안에서 한 시대 안에서의 예술의 통일, 문
학의 통일도 역시 요구되는 것이 아니라 하나의 현존하는 현상으
로 확인된다. 동일한 것이 부분적으로 하나의 언어와 문화 공동체
로서 한 민족의 통일에도 적용되고, 약간 더 작은 규모로 그것이
한 나라의 역사가 되었든(뫼저), 인류 전체의 역사가 되었든(헤겔),
역사의 통일에도 역시 적용된다. 심지어 정치 영역에서 통일은 처

음에 역사적으로 주어진 어떤 것으로 비치고, 사회적 "단체Körper"를 유기체에 비유해도 역시 유사한 것이 언급될 수 있다. 그러던 것이 18세기 중엽 이래, 일반적인 혁명 과정의 결과 등장한, 주어진 정치적-사회적 통일성의 파괴와 더불어 사정은 결정적으로 변했다. '통일'은 이제 점차 더 이상 진단되지 않았고, 요구될 뿐이었다. 그것이—마치 독일에서, 특히 민족정치적 영역에서처럼—과거의 이미 상실되어버린 통일을 바라보고서든, 아니면 미래의 기획적인 의미(정치적 관점뿐만 아니라 사회적 관점에서의 "국가사회적 통일", 하나의 새로운 포괄적인 통일의 전단계로서 "합일"과 "계급의 통일")에서든 말이다. 원래의 개념 연관과 구체적인 기대 내용을 매우 자주 초월했던 다양한 종류의 미래의 기대들이 바로 이 역동적이고 요청적인 통일 개념을 가지고 동시에 서로 연결될 수 있었다. '통일'은—먼저 낭만주의에서 분명히, 그 다음에는 혼란스럽고 위협적으로 등장하는 변화들의 인상 속에서 3월혁명 이전 시기 동안에는 민족의 넓은 영역 속에서 관찰되었던—하나의 천년왕국적인 어감을 갖게 되었고,—그것이 직접적이었든 아니면 언어와 단어 선택에서였든, 이를 위해 특징적으로 기독교적인 통일 관념들을 자주 재수용하면서—하나의 유사 종교적인 색채를 띠게 되었다. 이러한 경향은 현실이 구체적인 통일의 기대들을 뒤에 남겨둘수록 점점 더 두드러지게 나타났다. 무엇보다도 민족적 통일의 목표는 달성되었지만, 그것과 맞물린, 자주 지나치게 과도한 희망들이 정치적 관점뿐 아니라 사회적 관점에서 충족되지 못한 채로 남게 되었다는 점이 분명해진 이후로 통일 개념이 천년왕국적·종교적 색채를 띠게 된 그러한 경향은 결국 지배적으로 되어가기 시작했다. '통일' 개념은 이제 사람들이 국가적이고 사회적인 현실을 접할 때 갖게 되는 다양한 종류의 정치적이고 사회적인 소망의 상들과 점점 더 많이 맞물리게 되었다. '통일'은 이제 빈번히, 특히 미래의 기대 속에서, 다름 아닌 질서, 조화, 정의, 행복의 동의어로 나타났고, 이러한 의미에서 통일은 극우주의자들부터 급진적인 좌파 세력에 이르기까지 모든 정치적 집단들에 의해 간절히 요구되었다. 그래서 그 단어가 갖고 있는 비합리적인 열광적 힘이 우리 세기*에도 현실의 이념적인 은폐에서뿐만 아니라 대중들의 동원에서도 입증될 수 있었다.

로타르 갈·디르크 블라지우스

* [옮긴이] 20세기를 말한다.

디르크 블라지우스 Dirk Blasius(1941~)
독일의 근대역사가. 1974년부터 2006년 퇴임까지 독일 에센대학에서 법제사, 사회사 등을 가르쳤다. 저서로 《범죄와 일상》, 《카를 슈미트》 등이 있다.

옮긴이의 글

●●●　　　이 책은 독일의 역사이론가이자 개념사 연구방법의 창시자 중 한 사람인 라인하르트 코젤렉Reinhart Koselleck이 오토 브루너Otto Brunner, 베르너 콘체Werner Conze와 함께 편집한 《역사적 기본 개념: 독일의 정치적-사회적 언어에 대한 역사 사전》 중 〈통일Einheit〉 항목을 옮긴 것이다. 집필자는 독일의 시민계층의 형성과정과 독일 민족통일의 주역이었던 비스마르크에 관한 연구로 유명하고 오랫동안 프랑크푸르트대학교 근대사 교수를 역임했던 로타르 갈Lothar Gall, 독일 에센대학교에서 법제사와 사회사 교수를 지냈던 디르크 블라지우스Dirk Blasius, 독일 예나대학교의 '라틴어문학연구소' 교수로 활동했던 크리스타 제거만Krista Segermann 등 세 명이다. 이 중 주저자는 로타르 갈로 보인다.

독일은 역사적으로 두 차례의 통일을 겪었다. 한 번은 자신의 힘으로, 또 한 번은 주변의 힘으로 이루어냈다. 먼저 오랫동안 정치적 분열 상태에 있던 독일은 19세기 후반에 들어 프로이센이라는 근대의 신흥 군주국가가 주도해서 마치 오랜 숙제를 풀듯 자발적으로 통일을 성취했고(1871), 그다음에는 20세기에 들어와 제2차 세계대전의 전범국이자 패전국이었던 독일이 미소의 냉전 하에 인위적으로 동서독으로 분단되는 아픔을 겪다 냉전 시대가 끝날 즈음 변화된 환경 속에서 우연히 통일을 달성했다(1990). 물론 두 경우 모두 민중들의 통일에 대한 열망이 크게 작용했기에 가능했다.

이처럼 두 차례나 분열 또는 분단 상태에서 통일을 이룩한 독일의 전체 역사 속에서 '통일'이라는 단어는 언제나 뜨거운 감자가 될 수밖에 없었다. 특히 첫 번째 통일을 이룬 19세기에 이 개념을 둘러싼 격렬한 논쟁이 야기되었다. 민족주의가 시대정신이었던 당시 당면 과제이자 사명처럼 보였던 민족통일은 어쩌면 필연적인 결과였을지 모른다. 그러나 당대의 모든 사람들이 무조건적으로 통일을 원했을 것이라고 생각하면 큰 오산이다. 역사가들을 예로 들자면, 테오도르 몸젠이나 하인리히 트라이취케 또는 하인리히 쥐벨 등은 대체로 통일을 열망했지만, 일부 역사가들, 예컨대 야코프 부르크하르트 같은 사람은 통일에 대해 극렬히 반대했기 때문이다. 부르크하르트가 통일을 반대했던 이유는, 물론 그가 독일인이 아니라 독일어를 사용하는 스위스인이라서 그랬을지도 모르지만, 그보다도 통일된 독일이라는 나라가 머지않아 권력국가, 패권국가가 되어 유럽 내 평화를 어지럽힐지도 모른다는 우려 때문이었다. 그의 예견에 따르면, 다음 세기(20세기)에 유럽에서 엄청난 대규모의 민족전쟁이 발생하리라는 것이었는데, 이것은 두 차례의 세계대전을 통해 입증되었다. 비스마르크에서 출발해 히틀러까지 이르는 독일 근대사의 파국적 행보는 어쩌면 독일이 혹독하게 치른 통일의 대가였을지도 모른다.

여기서 문제가 되는 것이 바로 '통일이냐, 자유냐'이다. 통일을 원하면 개인의 자유는 어느 정도 희생될 수밖에 없고, 자유를 추구하다 보면 통일은 요원해진다. 당시 분열된 상태의 독일에서 '민족주의' 이념의 화두는 통일이었지만 그 이면에 다양한 색깔의 지역을 하나로 통합시키는 데 필요한 권력정치 또는 현실정치가 무서운 음모를 숨긴 채 똬리를 틀고 있었고, 다른 한편 프랑스혁명과 19세기 초 이래 유럽을 지배했던 '자유주의' 이념의 근간은 개인의 자유와 권리 그리고 다양한 지방색의 인정이었지만 그 결과는 계속되는 분열로 이어질 수밖에 없었다. 이 양자택일의 기로에서 당시 독일인들은 어느 길을 택할 것인가, 아니면 이 둘을 어떻게 조화시킬 것인가 등의 문제로 논쟁을 벌였다. 그 과정에서 최대의 분기점이 된 사건이 발생하는데, 그것이 바로 1848년 3월 혁명이었다. 그해 5월 프랑크푸르트에서 개최된 독일 역사상 최초의 전국 규모의 자유주의 국회였던 프랑크푸르트 국민의회에서 소독일주의에 입각해 통일헌법까지 만들었으나, 결국 당시 프로이센의 국왕 프리드리히 빌헬름 4세가 황제 수락을 거절하면서, 즉 다 차려놓은 밥상을 걷어차면서 통일이 좌절된 사건은 역설적으로 전 독일인들에게 통일에 대한 열망이 더욱 불타오르도록 만들었다. 이제 분열 상태인 과거로의 회귀를 꿈꾸는 사람들이 설

자리는 더 이상 없게 되었다.

그렇다면 다시 문제는 '어떻게 통일을 이룰 것이냐'였다. 통일
은 하되, 각각의 지방색을 살려 국가들을 연합체제로 묶어주는 연
방제로 갈 것인가, 아니면 강력한 중앙 행정부를 중심으로 한 중
앙집권적인 통합국가로 갈 것인가? 많은 진보적·자유주의적 지
식인들은 전자를 원했지만, 더 많은 보수주의 지식인들, 그리고
대다수의 독일인들은 후자를 원했다. 주지하듯, 결국 통일은 프로
이센의 현실정치가였던 철혈재상 비스마르크에 의한, 권력과 폭
력, 억압과 전쟁을 동반한 무력통일이었다. 이 과정에서 심지어
같은 독일어권인 오스트리아와 전쟁까지 벌이면서 말이다. 마지
막 프랑스와의 전쟁을 끝으로 이룩해낸 독일의 민족통일을 두고
많은 이들은 불완전한 통일이다, 왜곡된 통일이다, 프로이센이 영
토 확장을 위해 독일 민족을 이용했다 등 여러 비판적인 해석들을
쏟아냈지만, 어쨌든 결과는 독일의 통일이었다. 비스마르크의 궁
극적인 정책 목적 또는 숨은 의도가 독일 민족의 통일에 있었든,
프로이센의 영광에 있었든, 그것은 독일 사람들에게는 크게 문제
가 되지 않았다. 결국 그토록 열망하던 통일을 이루었기 때문이
다. 그래서 그는 독일 민족의 영웅이 되었다. 그러나 앞서 언급했
듯이, 그 결과는 참으로 혹독했다. 비스마르크 자신이 원하지는
않았을지 몰라도 그의 그림자가 결국 멀리 히틀러라는 독재자의
출현과 독일의 재앙적 패망에까지 길게 드리워졌으니 말이다.

독일이 그 파국적 결말이나 심각한 후유증을 어느 정도 예상할

수 있었음에도 불구하고 이처럼 애절하게 통일을 갈망했던 데에
는 오랫동안의 정치적 분열이라는 역사적 현실도 한몫했지만, 이
러한 장기적 분열 과정에서 겪었던 독일 또는 독일인들의 정체성
의 혼란도 큰 이유로 작용했다. 다 알다시피 독일은 결코 단일 민
족국가가 아니다. 오히려 다민족 국가, 혼합국가에 가깝다. 인종
적으로도 게르만족은 오늘날 전체 독일 인구의 40퍼센트 정도 수
준밖에 안 되고, 켈트족, 슬라브족, 노르만족, 라틴족 등 다양한
인종과 또는 폴란드, 체코, 헝가리, 러시아 등 주변의 다양한 국가
의 사람들과 섞이면서 오늘날의 독일을 구성했다. 그러니 민족주
의가 최고조에 달했던 19세기에 자유를 포기하면서까지 통일을
이룩하자는 구호가 자연스럽게 확산될 수 있었던 것이다.

  1990년 두 번째 통일, 정확히는 '재통합Wiedervereinigung'을 통
해 독일은 비로소 '통일'과 '자유'라는, 상반되는 두 마리의 토끼
를 다 잡았다는 평가를 받는다. 애초에 자유가 주어졌던 서독인들
은 말할 것도 없고, 동독인들의 입장에서도 공산독재 정권의 통제
와 슈타지Staatssicherheitsdienst(국가보안부)의 감시에서 개인이 해방
되고 자유가 획득된 상태에서 통일이 이루어졌으니 말이다. 비록
이조차도 동독의 서독으로의 흡수통일이어서 말도 많고 탈도 많
았지만, 하여튼 결과적으로 동유럽권에서는 당시 가장 잘 살았다
고는 하지만, 경제적으로 서독과 비교할 수 없을 정도로 낙후됐던
동독인들의 삶의 질이 격상하는 중이니 꼭 나쁘게만 평가할 것은
아니다. 그런 점에서 오늘날의 독일은 긍정적 의미의 그리고 완전

한 의미의 통일국가로 거듭나는 중이다.

바로 이 책에서 세 명의 필자들은 역사적으로 오랫동안의 분열과 분단, 그리고 두 차례의 통일을 겪은 독일에서 정치-사회적 개념인 '통일'이 어떻게 변화해왔는지를 추적한다. 처음에는, 즉 중세와 근대 초에는 종교적·신학적·철학적 함의를 갖던 통일은 계몽주의와 낭만주의 시대인 18세기에 와서 예술적·문화적 색채를 띠다가 자유주의와 민족주의가 펼쳐지던 19세기에 와서는 완전히 정치-사회적 용어로 완결된다. 아쉬웠던 점은 1990년 두 번째 통일에 대해서는 전혀 언급이 없이 그저 1871년의 첫 번째 통일을 전후로 글이 끝나버렸다는 점이다. 실제로 로타르 갈은 마지막 '전망'에서 독일의 '통일' 개념이 1871년 전후로 완성된다고 언급한다. 과연 그럴까? 19세기사 전공자는 그런 전망을 내세울 수 있어도 20세기 현대사를 연구하는 사람은 이에 대해 다른 해석을 내놓지 않을까?

어쨌든 이 개념의 변화가 추적되는 과정을 따라가는 것도 무척 흥미로웠지만, 무엇보다 통일이 왜 그토록 오랫동안 독일인들의 가슴을 뛰게 만든 용어였는지 느낄 수 있어서 좋았다. 이런 것이야말로 또 다른 의미에서 생생한 역사적 체험이 아닐까? 개인적으로 공부도 많이 되었음은 물론이다. 그러나 라틴어의 언어와 문학 전공자인 크리스타 제거만이 중세부터 근대까지 서술한 부분은 라틴어와 프랑스어가 수시로 튀어나와 번역에 애를 먹었다. 민폐 끼치는 것을 싫어해서 지인들에게 부탁하기를 주저하던 차에 한림대 한림과학원 측에서 이 두 언어 전공자들에게 자문을 받을 수 있다고 해서 부탁했고, 결국 익명의 전문가들에게서 많은 도움을 받았다. 그러나 그래도 여전히 무슨 뜻인지 몰라 해결되지 못한, 또는 전혀 자문을 받지 못한 몇몇 프랑스어와 라틴어 문구들에 대해서는 프랑스 중세사 전공자인 고려대 홍용진 교수의 도움을 받아 원만히 번역을 마칠 수 있었다. 이 자리를 빌려 특별히 감사의 마음을 전한다. 이러한 도움에도 불구하고 여전히 오역은 있을 수 있으며, 이에 대한 책임은 전적으로 역자인 나에게 있음은 두말할 필요도 없다.

2022년 10월
최성철

주석과 참고문헌에 사용된 독어 약어 설명

abgedr.(abgedruckt) = 인쇄된, 활자화된

Anm.(Anmerkung) = 주註

Art.(Artikel) = (사전 따위의) 항목, (법률의) 조條

Aufl.(Auflage) = (책의) 판(초판, 재판 등의)

Ausg.(Ausgabe) = (책의) 판(함부르크판, 프랑크푸르트판 등의)

Bd.(Band) = (책의) 권

Bde.(Bäde) = (책의) 권들

ders.(derselbe) = 같은 사람[저자](남자)

dies.(dieselbe) = 같은 사람[저자](여자)

Diss.(Dissertation) = 박사학위 논문

ebd.(ebenda) = 같은 곳, 같은 책

f.(folgende) = (표시된 쪽수의) 바로 다음 쪽

ff.(folgenden) = (표시된 쪽수의) 바로 다음 쪽들

hg. v. ……(herausgegeben von……) = ……에 의해 편찬된(간행자, 편자 표시)

Mschr. (Maschinenschrift) = (정식 출판본이 아닌) 타자본

Ndr. (Neudruck) = 신판新版, 재인쇄

o.(oben) = 위에서, 위의

o. J.(ohne Jahresangabe) = 연도 표시 없음

s.(siehe!) = 보라!, 참조!

s.v.(sub voce) = ……라는 표제하에

u.(unten) = 아래에서, 아래의

v.(von) = ……의, ……에 의하여

vgl.(vergleiche!) = 비교하라!, 참조!

z. B.(zum Beispiel) = 예컨대, 예를 들자면

zit.(zitiert) = (……에 따라) 재인용되었음

주석

[1] 이에 대한 상세한 논의는 다음 문헌을 참조할 것. Franz M. Sladeczek, "Die spekulative Auffassung vom Wesen der Einheit in ihrer Auswirkung auf Philosophie und Theologie (mit besonderer Berücksichtigung der aristotelischen Auffassung)", *Scholastik* 25 (1950), 361 ff.

[2] "존재와 통일은 서로 호환된다Ens et unum convertuntur." Thomas von Aquin, *Summa theologica* 1, qu. 6, art. 3, ad. 1; 1, qu. 11, art. 3, ad 2. 이것은 아리스토텔레스의 다음 문헌에 근거를 두고 있다. Aristoteles, *Metaphysik* 1059 b.

[3] Thomas von Aquin, *S. th.* 3, qu. 8, art. 3: "그러므로 신비한 몸의 구성원들은 그들의 행동에 따라서 뿐만 아니라 그들의 가능성에 따라서도 받아들여진다 Sic igitur membra corporis mystici non solum accipiuntur secundum quod sunt in actu sed etiam secundum quod sunt in potentia." 다음 문헌을 참조할 것. Eric Voegelin, "The Growth of the Race Idea", *Rev. of Politics* 2 (1940). 이와 관련해서는 신앙의 통일을 위한 준비 작업으로서 로마의 세계 제국의 정치적 통일("통일의 이러한 방식처럼 신앙의 통일도 권장된다ut his modis unitis unitas commendaretur fidei")에 대해 기독교–신학적으로 해석한 다음 문헌도 참조할 것. Otto von Freising, *Chronica sive historia de duabus civitatibus* (Ausg. Darmstadt 1960), 210.

[4] Paulus in 1. Kor. 12, 4 ff.; Eph. 1, 22 f. 다음 문헌을 참조할 것. Gerd Heinz Mohr, *Unita christiana. Studien zur Gesellschaftsidee des Nikolaus von Kues* (Trier 1958).

[5] Isidor von Sevilla, *Sententiae* 3, 49, 5: "참으로 그리스도의 몸은 신앙심이 있는 자들이다[실로 그리스도의 몸통과 지체는 신자들로 이루어져 있다]Membra

quippe Christi fideles sunt populi." Migne, *Patr. Lat.*, t. 83 (1862), 721.

[6] Dante Alighieri, *De monarchia* (1313), 1, 8: "따라서 인간은 한 명의 군주에게 복종할 때 하나님에게 가장 가까워진다Ergo humanum genus uni principi subiacens maxime Deo assimilatur."

[7] 다음 문헌을 참조할 것. die Bulle "Unam Sanctum" (Papst Bonifatius VII.; 18. 11. 1302): "괴물처럼 두 개의 머리가 아닌, 명백히 그리스도의 하나의 머리, 그리고 그리스도의 대리자 베드로와 베드로의 후계자unum caput, non duo capita quasi monstrum, Christi scilicet et Christi vicarius Petrus Petrique successor." *Quellen zur Geschichte des Papsttumes und des römischen Katholizismus*, hg. v. Carl Mirbt, 3. Aufl. (Tübingen 1911), 163.

[8] 다음 문헌을 참조할 것. Rudolf Grossmann, *Gedichte der Spanier*, Bd. 1 (Leipzig 1947), 222 f.

[9] 다음 문헌을 참조할 것. August Leidl, *Die Einheit der Kirche auf den spätmittelalterlichen Konzilien* (Paderborn 1966).

[10] Francisco Suarez, *De legibus* 3, 11, 7: "법을 만드는 권력은 개인에게 있는 것도 아니고 단지 우연에 의해 모인 군중에게 있는 것도 아니다. 그것은 도덕적으로 결속되어 있고 하나의 신비한 체계를 만들기 위해 구성된 공동체에 있다Potestas condendi leges non est in singulis hominibus per se spectatis nec in multitudine hominum aggregata solum per accidens; sed est in communitate ut moraliter unita et ordinata ad componendum unum corpus mysticum."

[11] 다음 문헌을 참조할 것. Michel Hurault de l'Hospital, *Excellent et libre discours sur l'estat present de la France* (o. O. 1588), zit. *Panthéon littéraire. Littérature française. Histoire. Choix de chroniques et memoires sur l'histoire de France. XVIe siècle* (Paris 1838), 606. 620: "왕이 자신의 힘에 의거해 '나는 평화를 원한다'고 왕으로서 말한다면, 그대들은 모든 파벌들 중 가장 대담한 자라도 감히 거역하지 못하는 모습을 보게 될 것입니다. …… 그에게 (즉 전하의 국가의 신

체[국체]에) 평화를 선사하십시오. 실로 그것만이 당신의 왕국을 지키는 유일한 방법입니다Qu'un roy se tienne dedans sa force et qu'il dise en roy: Je veux la paix, vous verrez que le plus hardi de tous ses partisons n'y oseroit contredire ⋯⋯ Donne luy la paix (scil. au corps de ton Estat). Car c'est le seul moyen de garder ton royaume."

12 다음 문헌을 참조할 것. Antoine Loisel, *La Guyenne* (Paris 1605), 300: "그러므로 우리는 신성한 명령에 순종할 것입니다ainsi obéirons à l'ordonnance divine."

13 다음 문헌을 참조할 것. ebd., 302 f.

14 Bodin, *Six livres de la république* 6, 6 (1583; Ndr. Aalen 1961), 1057.

15 Ebd.

16 Ebd., 1056.

17 Ebd. 6, 5 (S. 998).

18 Samuel Pufendorf, *De jure naturae et gentium* 7, 2, 14.

19 Rousseau, "Contrat social" 4, 8. *Oeuvres compl.*, t. 3 (1964), 462 f.; vgl. 403.

20 Maximilien de Robespierre, "Discours" (4e partie), Septembre 1792−27 Juillet 1793, *Oeuvres*, éd. Marc Bouloiseau u. a. t. 9 (Paris 1958), 578 f. 18세기 프랑스의 작가들, 특히 아베 드 생피에르Abbé de Saint−Pierre(《영구평화론*Projet de paix perpétuelle*》)와 루소Rousseau(《사회계약론*Contrat social*》 4, 8)는 전적으로 국가적 통일 권력에 종교적 통일을 보증해주는 역할을 부여했다. 적어도 (생피에르와 루소에 따르면) 긴급 상황에서 하나의 최소한의 신조Minimal−Credo라는 토대 위에서 말이다. Merle Lester Perkins, *The Moral and Political Philosophy of the Abbé de Saint−Pierre* (Genf, Paris 1959), 64 f. 127 f. 요한복음 17장 21절에서 간청된 기독교적 통일을, 기본 교리들의 해체를 통해 이룩하자는 생각은 로크의 다음 문헌에서 유래한다. Locke, *A Third Letter for Toleration* (1692).

21 Hugo Grotius, *De iure belli ac pacis* (1625), 2, 15, 12. 이에 대해서는 일반적으로 다음 문헌을 참조할 것. Friedrich Meinecke, *Die Idee der Staatsräson in der*

neueren Geschichte (München 1957).

22 Suarez, *De legibus* 2, 19, 9; 다음 문헌을 참조할 것. Heinrich Rommen, *Die Staatslehre des Franz Suarez* (Mönchen—Gladbach 1926).

23 Rommen, *Suarez*, 366, Anm. 26.

24 다음 문헌을 참조할 것. Perkins, *Moral and Political Philosophy*, 140 f.

25 Rousseau, "Fragments sur la guerre", *Oeuvres compl.*, t. 3, 606. 루소는 여기서 무엇보다도 로크의 "시민정부론"에서의 이론에 반대하는 입장을 취했다. Locke, *Two Treatises of Civil Government* (1690), 8, 96.

26 Rousseau, "Contrat social" 1, 2, 1, 1e Version, *Oeuvres compl.*, t. 3, 283 f.

27 Grimm Bd. 3 (1862), 198에는 이에 상응하는 증거들이 있다. 가령 루터는 여전히 '일치Einigkeit'라는 단어를 줄곧 사용했는데, 이때 이 단어는 물론 거의 언제나 "화합"을 통한 "통일"을 겨냥했다. 그리스도의 형상과 관련해서 신-인간의 관계를 언급한 1528년에 작성한 글에서의 한 곳은 특히 주목할 만하다. 그는 여기서 "이중의 통일zweyerley einickeit", 즉 "자연적 통일natürlichen einickeit"과 "인간적 통일personlichen einickeit"에 대해 언급한다. "인간적 통일로부터 신이 인간이고 인간이 신인 언설言說이 유래한다. 마치 신성神聖 안에서의 자연적 통일로부터 신이 곧 성부요, 성자며, 성령이라는 언설이 유래하는 것처럼 말이다aus der personlichen einickeit entspringet solche rede, das Gott mensch, und mensch Gott ist. Gleichwie aus der natürlichen einickeit ynn der Gottheit entspringet diese rede, das Gott sey der Vater, Gott sey der son, Gott sey der heilige geist." Luther, "Vom Abendmahl Christi, Bekenntnis", *WA* Bd. 26 (1909), 441.

28 다음 문헌을 참조할 것. Eucken (1879; Ndr. 1960), 220.

29 Grimm Bd. 3, 98; 다음 문헌도 참조할 것. *Dt. Enc.*, Bd. 8 (1783), 74 f. 라이프니츠는 그밖에도 '일치Einigkeit'라는 용어를 사용했고, 그럼으로써 '통일'이라는 새로운 단어에서 중요한 것은 예전의 '일치'라는 단어의 언어적 확장 발전

이 아니고, 오히려 '일치'라는 단어가, 라이프니츠가 의미하던 'unitas'가 갖고
있는 독특한 의미 내용을 번역해내는 데 더 이상 충분치 못했다는 점을 매우 분
명하게 밝혔다.

[30] Zedler Bd. 8 (1734), 553 f., Art. "Einheit."

[31] 가령 루터에 의해 '일치'로 번역된(각주 27번을 참조할 것) '삼위일체
Dreieinigkeit'(여기서 특이하게도 이 '일치'라는 단어가 유지되고 있다) 안에서
의 "신의 통일Einheit Gottes"을 예로 들 수 있다. 이에 대해서는 다음 문헌을 참
조할 것. Adelung 2. Aufl. Bd. 1 (1793), 1708. 유사한 예로 다음 문헌도 참조할
것. Campe Bd. 1 (1807), 851 ff. 그와 함께 물론 "합일을 통한 통일"로서의 예전
의 '일치'라는 단어의 또 다른 의미요소도 새로운 '통일'이라는 단어 안으로 깊
숙이 들어왔다.

[32] Lessing, "Hamburgische Dramaturgie", Sämtl. Schr., Bd. 9 (1893), 377 f.

[33] 이러한 통일 관념이 얼마나 강력하게 의식적으로 뿌리를 내렸는지는, 1812년
에 '통일'이 오로지 미학적 범주로만, 즉 "하나의 작품의 통일"로만 "…… 그
자신의 부분들의 조화적 일치, 즉 하나의 전체에 대한 서로 간의 상호교차적 규
정"으로만 정의되었다는 점에서 분명하게 드러난다. "통일은 모든 아름다운 예
술작품에 필수 불가결한 것인데, 왜냐하면 만일 그렇지 않다면 그것이 하나의
예술작품이길 멈추기 때문이다." Brockhaus 2. Aufl., Bd. 2 (1812), 365. 이에 대
해서는 다음 문헌도 참조할 것. Campe u. Adelung (Anm. 31).

[34] Lessing, "Briefe die Neueste Literatur betreffend", Sämtl. Schr., Bd. 8 (1892), 42.

[35] Justus Möser, "Vorschlag zu einem Plan der deutschen Reichsgeschichte" (1780),
SW Bd. 7 (1954), 130 ff. 이미 1752년에 요한 마르틴 클라데니우스Joh. Martin
Chladenius는 자신의 《일반 역사학Allgemeine Geschichtswissenschaft》(Leipzig 1752)
7쪽에서 "개인의 통일"을 통한 개별 전기傳記들의 묶음을, "많은 사건을 하나
의 사건으로 간주하는" 방식 중의 하나로 묘사한 적이 있다. 그밖에 통일을 지
지하는 동기들에 대해서는 ebd., 4 ff.를 볼 것.

[36] Ebd., 130.

[37] Ebd., 132.

[38] Ebd.

[39] Herder, "Briefe zu Beförderung der Humanität" (1793), 일곱 번째 편지(강조는 헤르더), SW Bd. 17 (1881), 297.

[40] Ebd., 288.

[41] Ebd., 287(강조는 헤르더).

[42] Ebd., 288.

[43] Ebd., 288 f.

[44] Ebd., 289.

[45] Joh. Jacob Moser, "Gutachten zur Kaiserwahl vom Frühjahr 1745." 다음 문헌에서 재인용함. Reinhard Rürup, Johann Jacob Moser. Pietismus und Reform (Wiesbaden 1965), 135 f. 142.

[46] Joh. Stephan Pütter, Historische Entwicklung der heutigen Staatsverfassung des Teutschen Reichs, Bd. 1 (Göttingen 1786), 1 f.

[47] Ebd., Bd. 3 (1787), 215.

[48] J. J. Moser, "Von Teutschland und dessen Staatsverfassung überhaupt", in: ders., Neues Teutsches Staatsrecht, Bd. 1 (Stuttgart 1766), 546.

[49] Ders., "Von den Kayserlichen Regierungsrechten und Pflichten 1, 2, § 29", Staatsrecht, Bd. 5 (Frankfurt 1772), 40.

[50] 사람들이 '통일'이라는 개념과 연결했던 그러한 기대 내용의 정교한 모습들은 이 새로운 단어가 사용된 처음 10년 동안에 자주 등장했고, 그 단어가 처음부터 가졌던 추상적-형식적인, 말하자면 감정과 가치가 없는 성격을 만들어 냈다. 여기서 특히 특징적인 것은 페스탈로치Pestalozzi다. 그는 한때 시민들을 "은총이 없고 내적으로 매우 불일치한 통일 속으로 억지로 욱여넣으려는" 절대왕정의 시도에 반대하면서, 그에 맞서 "시민들의 일치Eintracht를 모든 진정

한, 모든 진정으로 인간적인 국가의 축복들과 국가의 세력들의 영원하고 유일한 토대"로 규정하고 강조했다. "일치는 통일을 통해 성취될 수 없지만, 통일은 일치를 통해 성취되어야 한다." Pestalozzi, *An die Unschuld, den Ernst und den Edelmuth meines Vaterlandes.* 다음 문헌에서 재인용함. Hans Barth, *Pestalozzis Philosophie der Poltik* (Zürich, Stuttgart 1954), 102 f.

[51] J. J. Moser, "Von der Landeshoheit derer Teutschen Reichsstände überhaupt", *Staatsrecht,* Bd. 14 (Frankfurt, Leipzig 1773), 257 f. 당대 동시대인들의 의식 속에서 영방제후들의 절대권력 요구에 대항한 방어 요새로서의 제국의 의미에 대해서는 일반적으로 다음 문헌을 참조할 것. Heinz Rudolf Feller, *Die Bedeutung des Reiches und seiner Verfassung für die unmittelbaren Untertanen und die Landstände im Jahrhundert nach dem Westfälischen Frieden* (phil. Diss, Marburg 1953).

[52] J. J. Moser, "Regierungs−Rechte und Pflichten 1, 2, § 22", *Staatsrecht,* Bd. 5, 32. 다음 문헌도 참조할 것. Friedr. Carl v. Moser, *Beherzigungen* (Frankfurt 1761), bes. 611 f.: 균형 이념.

[53] Hegel, *Die Verfassung des Deutschen Reiches. Eine politische Flugschrift,* hg. v. Georg Mollat (Stuttgart 1935), 1.

[54] Ebd., 9.

[55] Ebd., 11.

[56] Ebd., 12.

[57] Ebd., 120 f.

[58] 다음 문헌을 참조할 것. Heinrich Scheel, *Süddeutsche Jakobiner. Klassenkampfe und republikanische Bestrebungen im deutschen Süden Ende des 18. Jahrhunderts* (Berlin 1962), 487, Anm. 324.

[59] Frh. v. Stein an Münster, 1. 12. 1812, *Br. u. Schr.,* Bd. 3 (1961), 818.

[60] Stein an Hardenberg, August 1813, ebd., Bd. 4 (1963), 244.

[61] Stein an Münster, 1. 12. 1812, ebd., Bd. 3, 818.

[62] Stein an Hardenberg, August 1813, ebd., Bd. 4, 244 f.

[63] 다음 문헌에서도 같은 것을 볼 수 있음. Humboldt, "Denkschrift über die deutsche Verfassungsfrage" (an Frh. v. Stein, Dezember 1813), AA Bd. 11/2 (1903), bes. 99 ff.

[64] 다음 문헌에서 재인용함. Hans Delbrück, "Die Ideen Steins über deutsche Verfassung", in: ders., Erinnerung, Aufsätze und Reden, 2. Aufl. (Berlin 1902), 98.

[65] K. W. Koppe, Die Stimme eines preußischen Staatsbürgers in den wichtigsten Angelegenheiten dieser Zeit (Köln 1815), 22 f.

[66] 이에 대해서는 1820년 6월 15일에 맺어진 비인의 최종 협약 제1조를 참조할 것. "독일연방Der deutsche Bund은 연방 안에 포함된 국가들의 독립과 불가침성을 보장하기 위한, 그리고 독일의 내외적 안전을 유지하기 위한 독일의 주권적 제후들과 자유도시들을 묶은 하나의 국제법적 연합Verein이다."

[67] Arnold Hermann Ludwig Heeren, Der deutsche Bund in seinen Verhältnissen zu dem Europäischen Staatensystem (Göttingen 1816), 11 f.

[68] Humboldt, Ideen zu einem Versuch, die Grenzen der Wirksamkeit des Staates zu bestimmen (1792). 다음 문헌에서 재인용함. Ernst Rudolf Huber, Deutsche Verfassungegeschichte seit 1789, Bd. 1 (Stuttgart 1957), 520 f. 이에 대한 반대 의견은 다음 문헌을 참조할 것. Ernst Moritz Arndt, "Geist der Zeit", Tl. 3, Abh. 2: "Was haben die großen Mächte jetzt zu tun?", Werke, Bd. 11 (1908), 118, 아른트는 하나의 통일된 독일의 위험성에 반대하는 논증을 편다.

[69] Ders., "Fantasien zur Berichtigung der Urteile über künftige deutsche Verfassungen" (1815), Werke, Bd. 14 (1908), 176, 173.

[70] Ebd., 174.

[71] Leopold v. Ranke, "Über die Trennung und die Einheit von Deutschland (1832)", SW Bd. 49/50 (1887), 134.

[72] Ebd., 135.

[73] Paul Achatius Pfizer, *Briefwechsel zweier Deutscher*, Brief 14 (1831; 2. Aufl. Stuttgart 1832), 157 f.

[74] Ebd.

[75] Ebd., 194 f.

[76] Ebd., 167 ff.

[77] Carl Theodor Welcker, *Die Vervollkommnung der organischen Entwicklung des Deutschen Bundes zur bestmöglichen Förderung deutscher Nationaleinheit und deutscher staatsbürgerlicher Freiheit. Als Nationsbegründung vorgetragen in der zweiten Kammer der badischen Ständeversammlung* (Karlsruhe 1831).

[78] Wilhelm Schulz, *Deutschlands Einheit durch Nationalrepräsentation* (Stuttgart 1832).

[79] 이에 대해서는 다음 문헌을 참조할 것. Carl Theodor Welcker, Art. "Deutsches Landes-Staatsrecht, deutsche Landstände, die Feudalstände und die Wahlstände, ihre Geschichte und ihr Recht", Rotteck/Welcker Bd. 4 (1837), 337 ff.

[80] Aegidi, Art. "Deutscher Bund", Bluntschli/Brater Bd. 3 (1858), 20. 독일연방의 체제에 맞서는 이 두 개의 대립 전선은 계속 반복해서 발견된다. 가령 프리드리히 폰 가게른Friedrich v. Gagern이 1823년 한 회고록에서 썼듯이, "제후들을 마치 유령처럼 뒤쫓고 있는 생각이 바로 이것이다—그것은 독일인들이 한때 조국을 가졌었다는 사실을 언젠가 기억해낼지도 모른다는 공포다. 독일 영방국가들의 궁정에서의 모든 노력은 이 공동의 연방이라는 마지막 흔적들을 없애버리는 것에 초점이 맞추어져 있다. 모든 규정은 서로 분리하는 것에, 독일인들이 서로 소원해지고 지역이기주의를 만들어내도록 하는 데 목적을 둔다." 그 때문에 사람들은 억압적 조처가 아니라 독일인들 사이의 유대를 가깝게 묶어주는 데 도움을 주는 것이라면 "연방의회가 무능력한 기관이 되도록" 하기 위해 모든 일을 한다는 것이다. 다음 문헌에서 인용함. Heinrich v. Gagern, *Das Leben des Generals Friedrich von Gagern*, Bd. 1 (Leipzig, Heidelberg 1856), 271 f.

다음 문헌도 참조할 것. Carl v. Rotteck, *Allgemeine Geschichte, vom Anfang der historischen Kenntnis bis zum neuesten Pariser Frieden 1856*, 20. Aufl., Bd. 9/10 (Braunschweig 1858), 470.

[81] "Westbote" Nr. 47 v. 16. Februar 1832, abgedr. in: *Einheit und Freiheit. Die deutsche Geschichte von 1815-1849 in zeitgenössischen Dokumenten*, hg. v. Karl Obermann (Berlin 1950), 113 f.

[82] Carl v. Rotteck, "Besprechung von: Wilhelm Schulz, Teutschlands Einheit durch National-Representation" (1832), *Ges. u. Nachgel. Schr.*, hg. v. Hermann v. Rotteck, Bd. 2 (Pforzheim 1841), 348.

[83] Ebd., 350.

[84] Ebd., 350 f. 다음 문헌을 참조할 것. Rotteck, "Das Jahr 1831", ebd., Bd. 1 (Pforzheim 1841), 362: "따라서 가장 먼저 자유가 연방 소속 국가들 안에 견고해지도록, 그리고 그들의 사랑, 그들의 자부심이 모든 독일인의 심장에 깊숙이 파고 들어가도록 하자."

[85] Rotteck, "Besprechung", 351 ff.

[86] 다음 문헌을 참조할 것. Theodor Schieder, "Partikularismus und Nationalbewußtsein im Denken des deutschem Vormärz", in: *Staat und Gesellschaft im deutschen Vormärz 1815-1848*, hg. v. Werner Conze (Stuttgart 1962), 9 ff., bes. 23 ff.

[87] Friedrich Wilh. Aug. Murhard, Art. "Staatsverwaltung", Rotteck/Welcker Bd. 15 (1843), 84.

[88] 자유주의자들의 관점에 따르면, 그래서 민족은 전체적으로 오직 헌법을 통해서만, 그리고 그 헌법과 함께 허락된, 하나의 통일을 향한 공적 생활에 참여할 권리를 통해서만 함께 성장했다. 로텍은 1818년 다음과 같이 썼다. "헌법을 갖지 않는 민족은 결코—그 단어의 고상한 의미에서—하나의 민족이 아니다. 그것은 한 무리의 노예이거나 농노이거나 아니면 단순한 사람들이다. 그것은 다

만 신민(臣民)들의 집합개념 또는 총합일 뿐 결코 하나의 살아 있는 전체가 아니다." "Ein Wort über Landstände", *Ges. u. Nachgel. Schr.*, Bd. 2, 407.

[89] Murhard, Art. "Staatsverwaltung", 84.

[90] Ebd. 다음 문헌을 참조할 것. Joh. Christoph Anton M. Frh. v. Aretin, *Staatsrecht des konstitutionellen Monarchie, fortgesetzt v. Carl v. Rotteck* (Altenburg 1828), 26. 여기서 아레틴은 프랑스 체제와 분명하게 거리를 두고 있다. 즉 사람들이 추구하는 자유주의 국가는 하나로 획일화되거나 중앙집권화되어서는 안 되고, 오히려 다양한 힘들이 자신의 자리를 찾을 수 있는, 하나의 "작은 국가들 체제"의 특성에 맞추어 건설되어야 한다고 주장한다.

[91] Joh. Georg Aug. Wirth, *Das Nationalfest der Deutschen zu Hambach* (Neustadt 1832), 3. 함바흐 축제에서 지속해서 관찰되는 천년왕국설적인 통일의 요구들에 대한 더 많은 풍부한 증거들에 대해서는 다음 문헌을 참조할 것. Veit Valentin, *Das Hambacher Nationalfest* (Berlin 1932).

[92] 일반적으로 다음 문헌을 참조할 것. Theodor Schieder, "Die Theorie der Partei im älteren deutschen Liberalismus", in: ders., *Staat und Gesellschaft im Wandel unserer Zeit* (München 1958), 110 ff.; Lothar Gall, "Das Problem der parlamentarischen Opposition im deutschen Frühliberalismus", in: *Politische Ideologien und nationalstaatliche Ordnung, Fschr. Theodor Schieder*, hg. v. Kurt Kluxen u. Wolfgang J. Mommsen (München, Wien 1968), 153 ff.

[93] Wilhelm Schulz, Art. "Einheit", Rotteck/Welcker Bd. 4 (1837), 636 ff.

[94] Ebd., 638.

[95] Ebd., 638 f.

[96] Paul Achatius Pfizer, *Gedanken über Recht, Staat und Kirche*, Bd. 2 (Stuttgart 1842), 238.

[97] "이 얼마나 풍부한 독일적 삶과 노력이, 이 얼마나 아름다운 전체 감정이 이 동맹에 대해 그리고 이 동맹으로부터 전개되었던가." Ernst Moritz Arndt, *Versuch*

in vergleichender Völkergeschichte (Leipzig 1843), 423.

98 Schulz, Art. "Einheit", Rotteck/Welcker Bd. 4, 640 (1. 강조는 필자, 2. 텍스트 안에서).

99 헤르만 폰 로텍이 그렇게 주장했다. Carl von Rotteck, *Ges. u. Nachgel. Sch.*, Bd. 4 (Pforzheim 1843), 400 u. ö.

100 Arnold Ruge, *Ueber die intellectuelle Allianz der Deutschen und Franzosen* (1843), SW 2. Aufl., Bd. 2 (Mannheim 1847), 340.

101 Schulz, Art. "Einheit", Rotteck/Welcker Bd. 4, 637.

102 Joh. Gustav Droysen, "Die Stellung der Bundesversammlung" (1848), *Polit. Schr.*, hg. v. Felix Gilbert (München 1933), 154.

103 *Sten. Ber.*＊ *Dt. Nationalvers.*, Bd. 4 (1848), 2722.

104 Ebd., 2723.

105 Ebd.

106 Droysen, "Stellung der Bundesversammlung", 156.

107 Max Doeberl, *Bayern und Deutschland. Bayern und die deutsche Frage in der Epoche des Frankfurter Parlaments* (München 1922), 120.

108 Uhland am 22. Januar 1849, *Sten. Ber. Dt. Nationalvers.*, Bd. 7 (1849), 4819.

109 Gagern am 26. Oktober 1848, ebd., Bd. 4, 2898.

110 Ebd.

111 Ebd.

112 Ebd., 2900.

113 Ebd., 2899.

114 Ebd., 2900.

115 Lorenz von Stein, "Demokratie und Aristokratie", Brockhaus, Gegenwart, Bd. 9

＊ [옮긴이] 속기 기록 보고서Stenographische Berichte의 약자다.

(1854), 343.

[116] Ders., *Der Socialismus und Communismus des heutigen Frankreich* (Leipzig 1842), 27.

[117] Ebd., 28.

[118] Ders., *Geschichte der socialen Bewegung in Frankreich von 1789 bis auf unsere Tage*, 3. Aufl., Bd. 1 (1850; Ndr. München 1921), 15.

[119] Marx/Engels, "Kommunistisches Manifest", *MEW* Bd. 4 (1959), 470.

[120] Ebd.

[121] Ebd., 471.

[122] Ebd., 474.

[123] Ebd., 482.

[124] Wilhelm Heinr. Riehl, *Die bürgerliche Gesellschaft* (1851; 8. Aufl. Stuttgart 1885), 5 f.

[125] Hermann Baumgarten, "Der deutsche Liberalismus. Eine Selbstkritik", *Preuß. Jbb.* 18 (1866), 474.

[126] Johannes v. Miquel, *Reden*, hg. v. Walter Schultze u. Friedrich Thimme, Bd. 1 (Halle 1911), 198.

[127] "Nationalzeitung, 4. 12. 1966", *Morgenblatt*, zit. Heinr. August Winkler, *Preußischer Liberalismus und deutscher Nationalstaat. Studien zur Geschichte der Deutschen Fortschrittspartei 1861–1866* (Tübingen 1964), 122.

[128] *Sten. Ber. Preuß. Landtag 1866–67*, Bd. I (1866), 198, zit. Winkler, *Preußischer Liberalismus*, 103.

[129] Baumgarten, *Deutscher Liberalismus*, 623, 618.*

[130] "Nationalzeitung, 3. 8. 1865", *Morgenblatt*, zit. Winkler, *Preußischer*

---

* [옮긴이] Hermann Baumgarten이 1866년에 발표한 Der deutsche Liberalismus(미주 125번)의 오기誤記로 보인다.

Liberalismus, 78.

[131] "Volkszeitung v. 16. 8. 1865", zit. Winkler, *Preußischer Liberalismus*, 78 f.

[132] Joh. Caspar Bluntschli, Art. "Nation und Volk, Nationalitätsprinzip", Bluntschli/ Brater Bd. 7 (1862), 159.

[133] Edmund Jörg, "Zeitläufe", *Hist.–polit. Bll. f. d. kath. Deutschland* 51 (1863), 932.

[134] Ebd., 982 f.

[135] Constantin Frantz, *Der Föderalismus als das leitende Princip für die sociale, staatliche und internationale Organisation unter besonderer Bezugnahme auf Deutschland* (1879; Ndr. Aalen 1962), 225.

[136] Ebd., 220. 224.

[137] Ebd., 241. 같은 문헌의 227쪽에 나오는 다음 글도 참조할 것. 사람들은 프랑스혁명에서 "단 하나의 분할될 수 없는 공화국"을 요구했고, "이 공화국은 그때부터 지금까지 자유주의의 모든 정치적 기획들 안에 유령처럼 떠돌고 있다." 더 나아가 다음과 같은 문구도 나온다. "'하나의 통일적이고 분할될 수 없는 독일'이 아니라면, 도대체 민족자유주의의 구호는 무엇일까? 그 때문에 자유주의가 앞으로 극복되기 전까지는 연방 헌법에 대한 전망 또한 있을 수 없다. 이 것이 어쨌든 그에 대한 전제조건이다."

[138] Arnold Ruge, *Aufruf zur Einheit* (Berlin 1866).

[139] 루게는 여기서 최초의 사회주의자들이 신봉한다고 고백했던, 프랑크푸르트 국민의회의 민주적 좌파들 중 일부의 전통 계열에 속해 있었다. 프리드리히 엥겔스는 1850년에 다음과 같이 썼다. "1525년*과 1848년의 독일 혁명들**에 대해 그리고 아직도 연방공화국의 결과물들에 대해 헛소리를 지껄일 수 있는 사람은 다른 어느 곳도 아닌 정신병원에 입원할 자격이 있다." "Der deutsche

* [옮긴이] 농민전쟁을 말한다.
** [옮긴이] 3월혁명을 말한다.

Bauernkrieg", *MEW* Bd. 7 (1960), 413. 다음 문헌도 참조할 것. *Einheit und Freiheit*, 7 (각주 81번을 보시오). 이 문헌 안에는 관련된 증거자료들이 수도 없이 들어 있다. 이러한 의미에서 "국제노동자연합의 독일어권 지부"의 대변인이었던 요한 필립 베커Joh. Phil. Becker도 1866년 8월 그 자신이 편집한 잡지《예고자*Vorbote*》에서 프로이센의 합병을 다음과 같이 환영했다. 프로이센은 "전제주의의 통일이, 그 목적이 공화국이 되어야 하는 혁명적 효력의 통일을 만들어내기 위해서라도 반항적 요소들을 집어 삼켜버리는" 일을 그저 계속해나가야 한다. 다음 문헌에서 재인용함. Karl Georg Faber, "Realpolitik als Ideologie", *Hist. Zs.* 203 (1966), 10.

[140] 루게는 이러한 표현들로써 독일 통일에 거역하는 분파적 권력들의 특징을 묘사했다. Ruge, *Aufruf zur Einheit*, 16.

[141] Ebd., 14.

[142] Ebd., 15.

[143] Ebd., 14. 16.

[144] Joh. Baptist v. Schweitzer, *Der einzige Weg zur Einheit* (Frankfurt 1860), 28, 42.

찾아보기

코젤렉의 개념사 사전 23 — 통일

⊙ 2022년 10월 29일 초판 1쇄 발행
⊙ 2022년 11월　5일 초판 2쇄 발행
⊙ 글쓴이　　　　　로타르 갈·크리스타 제거만·디르크 블라지우스
⊙ 엮은이　　　　　라인하르트 코젤렉·오토 브루너·베르너 콘체
⊙ 기　획　　　　　한림대학교 한림과학원
⊙ 옮긴이　　　　　최성철
⊙ 발행인　　　　　박혜숙
⊙ 펴낸곳　　　　　도서출판 푸른역사
　　　서울시 종로구 자하문로8길 13 (우 03044)
　　　전화: 02)720-8921(편집부) 02)720-8920(영업부)
　　　팩스: 02)720-9887
　　　전자우편: 2013history@naver.com
　　　등록: 1997년 2월 14일 제13-483호
ⓒ 한림대학교 한림과학원, 2022

ISBN　979-11-5612-233-3 94900
세트　979-11-5612-230-2 94900